Gundl HOLAUBEK-LAWATSCH

ALTE VOLKSKUNST

Steirische Trachten

Zeichnungen von Maria Mangge
Fotos von Ferdinand Neumüller

LEOPOLD STOCKER VERLAG
GRAZ — STUTTGART

Umschlaggestaltung: Paul Mangold, Graz
Umschlagfoto: Ferdinand Neumüller, Graz

ISBN 3-7020-0465-3

Printed in Austria
Druck: M. Theiss, Wolfsberg

Tafel 2

1 „Drahtlhaube"

2 Grazer Goldhaube

3 Goldspitzhaube

4 „Ausseer Hut"

5 Jägerhut

Inhaltsverzeichnis

Vorwort

In der Steiermark ist die Tracht bis zur Gegenwart lebendig geblieben. Freilich sind da einige glückhafte Umstände zusammengekommen. An erster Stelle wird wohl eine Eigenschaft unserer Landsleute stehen, die gerade auch hier bedeutsam ist: gesunder Selbststolz und Freude an der eigenen Überlieferung. Erleichtert wurde diese Beharrsamkeit vor allem durch die Tatsache, daß die Steirer von Anfang an in der Wahl der Formen und Farben verhältnismäßig bescheiden waren. Am deutlichsten zeigt dies die Männertracht: Zur Naturfarbe der Schafwolle, dem verschieden hellen Grauton aus der Mischung weißer und schwarzer Haare — gelegentlich brachten rotbraune Schafe auch einen braungrauen Loden zustande — kam das schlichte Grün des Besatztuches. Damit war der graugrüne Rock auch die brauchbare „Tarnkleidung" des Jägers, der sich von Wald und Flur und Felsgestein kaum abhob. Sicher hat dies die Vorliebe Erzherzog Johanns für das Steirergewand begünstigt; sein Beispiel in der Mitte des vorigen Jahrhunderts, als in vielen Nachbarländern die Tracht zu schwinden begann, war für Jahrzehnte ausschlaggebend.

In unserem Jahrhundert gaben Univ.-Prof. Dr. Viktor Geramb und die von ihm begründete „Grazer Schule" der wissenschaftlichen Volkskunde immer wieder neue Besinnung und neuen Schwung. Mitten in den dreißiger Jahren hatte er als Leiter des Steirischen Volkskundemuseums das erste österreichische Heimatwerk geschaffen, gleichzeitig begannen die Lieferungen seines zweibändigen Trachtenbuches zu erscheinen, ebenso verfaßte er auch kleine praktische Behelfe für eine zeitgemäße Steirertracht. Von besonderer Bedeutung für die Verbreitung einwandfreier Trachten war auch die Wertmarke des Heimatwerkes, durch die Stoffe der handwerklichen Drucker und Weber wie der großen westösterreichischen Textilfirmen empfohlen wurden, die aber auch für Trachtenstücke in den verschiedenen Geschäften warb.

Eine Generation später war es sein erster Schüler, Univ.-Prof. Dr. Hanns Koren, der im Rahmen des Erzherzog-Johann-Jahres 1959 die Herausgabe einer umfangreichen steirischen Trachtenmappe anregte. Die damit befaßte Arbeitsgemeinschaft nahm auch einige Erneuerungen in die Reihe der wirkkräftig gebliebenen Überlieferungen auf. Ein doppelseitiger Schnittmusterbogen ergänzte Textheft und Farbtafeln. Die Mappe ist schon seit über einem Jahrzehnt vergriffen.

Nunmehr erscheint endlich das schon lang erwartete Trachtenbuch von Frau Dr. Gundhild Holaubek. Die ersten Vorarbeiten dafür habe ich teilweise aus der unmittelbaren Nachbarschaft im Steirischen Volkskundemuseum erlebt. Vielfach waren aber auch Besprechungen mit trachtenkundigen Frauen und berufstüchtigen Schneiderinnen in den einzelnen Bezirken unseres Landes dafür notwendig. Häufig wurden die Ergebnisse in außerdienstlicher Formulierungs- und Zeichenarbeit niedergelegt. Dann war noch entsprechende Zusammenarbeit mit „Herrenkleidermachern des Trachtenfaches" zu tätigen, bis endlich alle Beschreibungen und Skizzen unter Dach und Fach waren und die nicht weniger umfangreiche Arbeit mit den Zeichnungen begonnen werden konnte.

Wie man es wohl erwarten durfte, haben bei bewährten Überlieferungen und bei sachkundigen, auf alte Stücke oder brauchbare Abbildungen zurückgehenden Erneuerungen stets die Beispiele der Frauentracht die der männlichen um das Doppelte übertroffen, so daß es bei einer Gesamt-Trachtenschau immer möglich wäre, anstelle von Paaren lauter Gruppen des bekannten „Dreisteirer"-Tanzes vorzuführen. Aus 14 solchen Dreiergruppen in der alten Trachtenmappe sind inzwischen allerdings stolze 42 geworden, die Überkleider und Mäntel gar nicht gerechnet. Während noch in den sechziger Jahren Männertrachten für den Südteil unseres Landes und eigenartiger Weise Frauentrachten für den Norden, die Mariazeller Gegend, gänzlich fehlten, kann jetzt jede und jeder auch aus dem Bereiche der engeren Heimat mustergültige Vorschläge für Alltags- und Festtrachten auswählen. Welche Formen in den einzelnen Landschaften der Steiermark besonderen Anklang finden, wird man wohl erst in zwanzig Jahren beurteilen können. Dann hat allerdings bereits das kommende Jahrhundert begonnen.

Dr. Sepp Walter

Die steirische Tracht — Ihre Pflege und Erneuerung

Einleitung

Die Steiermark, das „Land der Vielfalt", besitzt — entsprechend seiner landschaftlichen Gliederung und gesellschaftlichen Schichtung — eine Vielzahl von überlieferten, wiederbelebten und erneuerten Trachten. Besonders die Frauentrachten haben sich reich entfaltet, aber auch die Männertrachten wurden im letzten Jahrzehnt durch die Aufnahme erneuerter Formen angereichert. Die heute als „zeitgemäß" empfundenen und daher auch **getragenen** steirischen Trachten gehen auf Vorstufen verschiedener Zeit- und Stilepochen zurück. Denn die Entwicklung und Bewahrung nahm in den einzelnen Regionen unseres Landes (Gebirge - Ebene, ländlich - bäuerlich, märktisch - bürgerlich, städtisch - industriell u. ä.) einen verschiedenartigen Verlauf. Der Zeitpunkt des Absinkens oder Absterbens der bodenständigen Kleidung ist in den einzelnen Landschaften unterschiedlich anzusetzen. Aber auch die jeweilige Art der Wiederbelebung überlieferter und die Intensität der Aufnahme erneuerter Formen weist landschaftliche Unterschiede auf. In diesem Buch soll versucht werden, möglichst alle heute im Lande lebendigen Trachten ohne Rücksicht auf ihren Entwicklungsgang vorzustellen.

Historischer Rückblick

Schon in der Frühzeit ergaben sich gebietsmäßige Gliederungen nach den für die Bekleidung verwendeten Materialien, da — vereinfachend ausgedrückt — im klimatisch rauheren Gebirgsland an **„Urtrachtlichen Materialien"** in erster Linie Schafwolle, im wärmeren, südlichen Hügelland hingegen auch für die Oberkleider mehr Flachs in der Stoffbereitung verwendet wurde. Und noch im 19. Jahrhundert wurden die ländlich-bäuerlichen Trachten — vor allem in der Alltagstracht — aus gröberen Geweben (Loden, Leinwand und „Raß", einem Mischgewebe aus Flachs und Wolle) hergestellt, indes die bürgerlichen Träger feinere Wollstoffe (auch Tuch) und Seide (Brokate) bevorzugten.

„Urtrachtliche Formen" hielten sich ebenfalls bis ins 19. Jahrhundert und bis heute als Hemd, Rock, Kittel und Schürze vor allem in der Arbeitstracht. Durch den Einfluß der Zeitmoden erfolgte auch ein Wandel in der Tracht, wenngleich weniger stark verändernd und langsamer fortschreitend als in der Mode.

Modische Einflüsse des 19. Jahrhunderts

Der Einfluß der Wiener Mode ist ganz allgemein in den steirischen Trachten des 19. Jahrhunderts stärker erkennbar als in denen westlicher Länder, wie etwa in Tirol und Salzburg. Aber auch in unserem Land gab es einerseits beharrsame Trachtengebiete (Obersteiermark, weststeirisches Bergland) und andererseits für die Modeeinflüsse geöffnete Siedlungen (Städte, Märkte, Oststeiermark, Untersteiermark, südwestliche Steiermark). Dies ergab Trachtenlandschaften, die sich jedoch nicht — wie etwa in Tirol — jeweils auf ein Gebirgs- oder Grabental bezogen, sondern stets weiträumiger waren („Brucker Kreis", Oberes Murgebiet, nördliche Oststeiermark usw.).

Der Einfluß der Mode[1]) des Empire (1800 — 1820) mit seiner hohen Taille, des Biedermeier (1820 — 1848) mit natürlicher Taille, langem Männerrock (Gehrock) und Langhosen („Pantalons"), weiters des 2. Rokoko (1840 — 1870) mit Krinoline, männlichem „vollständigem Anzug" und hohem Zylinder und schließlich der Gründerzeit (1870 — 1890) mit engem Korsett, drapiertem Frauenrock („Tournure"), männlichem kürzerem Rock („Cut") und gestreiften oder karierten Langhosen wirkte sich in der **bürgerlichen Kleidung** fast in allen Landesteilen kaum unterschiedlich aus. Darüber hinaus findet man die gleichen modischen Vorbilder auch in den Städten und Märkten etwa Ober-oder Niederösterreichs, weshalb sich auch die heutigen erneuerten Fest- und Bürgertrachten in diesen Ländern vielfach gleichen. Auf die Männertracht wirkte der Einfluß der Uniform ebenfalls nivellierend ein. Die erste Hälfte des 19. Jahrhunderts ist als Entfaltungsperiode, als Blütezeit der steirischen Tracht zu bezeichnen. Nach der Biedermeierzeit können wir — wie auch in anderen Ländern Österreichs — im Steirerland ein Abflauen der Trachtenfreude zugunsten der Mode und schließlich — zu Ende des Jahrhunderts — ein Absinken in dunkle, schwarze Sonntags- und Festkleidung bei Männern und Frauen in den meisten Teilen unseres Landes feststellen.

Trachtentypen

Nach der von Franz Lipp erstellten historischen Gliederung der österreichischen Trachten[2]) gehört die **Männertracht** des oststeirisch-burgenländischen Grenzgebietes mit ihren dunklen Stiefeltrachten und dem blauen Feiertagsschurz um die Mitte des 19. Jahrhunderts zu einer späten nord- und oststeirischen „Kolonistentracht", der sich auch die südliche Weststeiermark anschloß. Vorrangig aber hat sich in der ganzen Steiermark — wie im gesamten Österreich — die „alte Tracht" des 18. Jahrhunderts mit braunem oder grünem Langrock („Haftelrock") zu meist roter Weste bis um 1850 erhalten. Die Obersteiermark aber ist außerdem das Kerngebiet der graugrünen Jägertracht des Alpengebietes, an dem auch Salzburg sowie Ober- und Niederösterreich (und darüber hinaus Bayern) Anteil haben. Zu ihrer „steirischen Ausformung" hat das „zweifarbige Tuch" der Uniform wesentlich beigetragen.

Die **Frauentracht** der Steiermark wird nach der kartographischen Darstellung von Franz Lipp schon um 1850 vom östlichen „Busenmiedertypus" („Brustfleck") und dem Leibchenrock mit gezogenem Miederteil beherrscht, hat aber auch — wie in Gebieten Ober- und Niederösterreichs sowie Kärntens — Anteil am Typus des Leibchenrocks mit verschiedenfarbigem Leib und Kittel und dem Spenser. Sie sind Bestandteil der alten „Scheibenhuttracht" mit breitscheibigem weißem oder schwarzem Frauenfilzhut. Der Tragmiederrock mit meist rotem Latz und die Bänderhuttrachten zum schwarzen Miedergewand mit heller Schürze sind hingegen allgemein dem Westen Österreichs zuzuordnen. Latzmieder gab es bis etwa 1850 nur in der westlichen Obersteiermark und in den Städten und Märkten als Bürgerinnentracht. In wenigen steirischen Orten hat sich zur bürgerlichen Seidentracht die donauländische Goldhaube in der Linzer Form, aber auch in einer Grazer und Marburger Variante eingebürgert. Schon um die Mitte des 19. Jahrhunderts zeichnete sich die weibliche Tracht der östlichen und südlichen Steiermark als „Grenztracht" — mit hellem Kopftuch in Kinnbindung zu dunkler Tuchjacke und geblumtem Kittel — ab.

Trachtenforschung

Eine gründliche Darstellung der Geschichte unserer Trachten verdanken wir dem wohl bedeutendsten Trachtenforscher unseres Jahrhunderts, Universitätsprofessor Viktor von Geramb (1884 — 1958). Der Begründer des Steirischen Volkskundemuseums hat uns, angeregt durch den Sammler und Forscher Konrad Mautner, das „Steirische Trachtenbuch"[3]) in zwei Bänden hinterlassen. Was in seinem Buch umfassend ausgeführt wird — die Entwicklung der Tracht von den „Urtrachten" bis zu den Formen unseres Jahrhunderts —, hat er auch im Trachtensaal des Volkskundemuseums am Landesmuseum Joanneum an 42 lebensgroßen Holzfigurinen dargestellt. Seine Forschungen waren für ihn und sind für uns Ausgangspunkt zur Trachtenpflege der Gegenwart.

Trachtenpflege im 19. Jahrhundert Erzherzog Johann

Im Mittelpunkt der Trachtenpflege des 19. Jahrhunderts steht Erzherzog Johann, der „steirische Prinz". Er trug den grauen, grün besetzten Lodenrock des Hochgebirgsjägers als Ausdruck seiner Gesinnung: „um ein Beispiel der Einfachheit in Sitte zu geben", wie er Anna Plochl 1824 schrieb[4]). Allerdings hat sich nach den Bildnissen, die uns erhalten sind, auch dieser „graue Rock"[5]) — dem Anlaß und der Mode gemäß — gewandelt: Vom frackähnlichen grauen Rock mit grünem Stehumlegkragen, den er stehend „auf der Felsenwand, in ein' Steirergwand" trägt, über den auf seinen Wanderungen und auf der Jagd getragenen grauen Haftelrock mit grünem Kragen bis zum biedermeierlichen, doppelreihig geknöpften Rock mit grünem Umlegkragen und Revers[6]). Seine schlanke Gestalt kleidete auch die schwarze „irchlederne" (weich- bzw. wildlederne), enge Kniebundhose zu den grünen Jägerstrümpfen bestens, womit er gewiß den Lederhosenerzeugern, die — wie die Handschuhmacher — zur Zunft der „Säckler" gehören, einen Aufschwung verschafft hat. Diese gesamte Berufskleidung eines ländlichen Standes trug er trotz seines Wissens um ein kaiserliches Verbot, das den Staatsbeamten in der Steiermark und in Kärnten unter Strafandrohung das Tragen der „bäuerischen Landestracht" untersagt hatte.[7]) Die landesfürstlichen und Kreisamts-Beamten gaben jedoch praktische, ästhetische und ökonomische Rücksichten für das Tragen dieser Kleidung an, fern jeder staatsfeindlichen Gruppierungsabsicht um Erzherzog Johann, und folgten seinem Beispiel.

Ebenso taten dies die Hammerherrn, alle Jäger und andere Berufsstände. Dadurch wurde die alpenländische Jägertracht zum „Steirergewand". Da sich — unterstützt durch die Wittelsbacher — die grau-grüne Tracht ungefähr zur selben Zeit auch in Bayern durchzusetzen begann, kann man mit Franz Lipp von einer „baiuwarischen Stammestracht"[8]) sprechen. Der auf die Steiermark bezogene Name ist ihr aber bis heute geblieben.

Anna Plochl

Anna Plochl, die standesbewußte Postmeisterstochter aus Aussee, trug zwar zur Zeit ihrer frühen Begegnungen mit dem Erzherzog nach seinen Worten eine „ländliche, verschönerte Tracht". Diese war aber mit vielen Einzelheiten, die direkt der Wiener Mode entnommen waren, versehen, so daß man sie als „Trachtenlook" um 1819/20 bezeichnen könnte.[9]) Jedenfalls war es nicht die Volkstracht des Ausseerlandes, mit der des Erzherzogs Kammermaler Matthäus Loder und Jakob Gauermann die „Nani" und ihre drei Freundinnen dargestellt haben. Auch Annas Jagdtracht von 1838 in grau-grüner Zusammensetzung gleicht Vorbildern des modischen „Reit- oder Amazonenkostüms"[10]), und die Portraits von der Freiin von Brandhofen und Gräfin von Meran zeigen sie in modisch-eleganter Kleidung. Ihre Mädchentracht kann man auch heute noch als historisches „Familiengewand" an ihren Nachkommen — in der Familie Meran und der Familie Plochl —, wie es ihnen zusteht, sehen. Mit der durch den „steirischen Prinzen" geförderten Wertschätzung der Männertracht bei den „höheren Ständen" hielt zu dessen Lebzeiten auch die Freude an schönen, „bürgerlichen" Frauentrachten bei den Hammerfrauen, Wirtinnen, Bäckermeisterinnen usw. Schritt. Aber auch die Bauern und Bäuerinnen sowie deren Familien und Gesinde erbauten sich an des Erzherzogs Beispielgebung, die ihnen durch die von ihm veranstalteten Volksfeste mit Preisvergabe an die besten Sänger und Musikanten vermittelt wurde (z. B. 1814, 1840[11]). Solche „Selbstdarstellungen" brachten gewiß eine Hebung des Selbstwertgefühls im Bauerntum mit sich und damit auch die Belebung und Festigung der Freude an der eigenen Musik, dem Tanz und der Tracht. So gesehen geht es nicht an, des Erzherzogs Feste mit dem Ausdruck „Folklorerummel" abzutun, wenngleich das Verlangen des Franzosen Jean Jacques Rousseau „Zurück zur Natur!" („Retour à la nature!") beim französischen, aber auch beim österreichischen Adel allerlei Ergötzlichkeiten gezeitigt hatte. Im Hintergrund steht die Sehnsucht nach dem Ländlichen, nach dem Ursprünglichen, und Vergleiche mit der heutigen „Nostalgie", ja sogar mit der „Bio-Welle", drängen sich auf.

Trachtenpflege im 20. Jahrhundert

Bei der bewußten Trachtenpflege und Trachtenerneuerung in der Steiermark im 20. Jahrhundert lassen sich bisher drei Phasen feststellen:

a) ab 1934, dem Jahr der Gründung des Steirischen Heimatwerkes,
b) ab 1959, dem „Steirischen Gedenkjahr", 100 Jahre nach dem Tod Erzherzog Johanns,
c) ab 1974, dem Beginn der gegenwärtigen Erneuerungsbewegung.

Viktor von Geramb

Viktor von Geramb, der Schöpfer des Steirischen Volkskundemuseums am Landesmuseum Joanneum, hatte schon seit der Gründung des Bäuerlichen Volksbildungsheimes im Schloß St. Martin bei Graz durch **Josef Steinberger** (1918) in seine volkskundlichen und volkspädagogischen Vorträge vor ländlicher Jugend und vor Lehrern die Trachtenkunde und Trachtenpflege miteinbezogen — als einen Teil der gesamten Volkskultur neben Brauch, Lied, Musik, heimatlichem Bauen und Wohnen usf.

Angewandte Volkskunde

Als Lehrer an der Universität vertrat er — auf der Grundlage der Forschung — die **angewandte Volkskunde**[12]), die das erforschte kulturelle Material aufbereitet und der Pflege zur Verfügung stellt.

Heimatwerkgründung 1934

Dieser Aufgabe konnte er durch die Gründung des Steirischen Heimatwerkes als Teil des Volkskundemuseums, des ersten Heimatwerkes in Österreich, im Jahre 1934 gerecht werden und dadurch viele steirische Kleingewerbler, darunter Schneiderinnen und Schneider, aber auch Textilgeschäfte, Hut- und Schuhmacher, vor dem wirtschaftlichen Niedergang und deren Erzeugnisse vor dem Verschwinden retten. Die von Geramb und seinen wissenschaftlichen Museumsbeamten geschulten Heimatwerk-Mitarbeiter (-innen) machten Trachtenberatungen (nicht nur für Heimatwerkkunden), und eine Heimatwerkmarke wurde an Erzeuger und Geschäfte für positiv bewertete Trachtenstücke und -stoffe vergeben. Sie fand auch z. B. in der Empfehlung „echter" Produkte im Katalog eines Großkaufhauses im Zentrum von Graz und in einem von Geramb 1936 für Trachtenpfleger, für die Herrenschneiderei, aber auch für die Konfektion erstellten Männerntrachten-Heft, herausgegeben von der Klischeeanstalt Josef Rasteiger, Graz, ihren Niederschlag. All dies bewirkte — im Verein mit Gerambs volkspädagogischem, persönlichem Einsatz in fast allen Kreisen der steirischen Bevölkerung — einen großen Aufschwung der Trachtenpflege (immer als Teil der Volkstumspflege) in unserem Land.

Vor allem die Jugend wurde von ihr ergriffen — und das bis in die Zeit des „Großdeutschen Reiches" hinein. Nach dem zweiten Weltkrieg erschienen manche an sich „echten", d. h. überlieferten Trachtenstücke „verdächtig" und wurden unbeliebt. So etwa die weißen Männer-Kniestrümpfe, die schwarzen Frauenjoppen oder die Murbodner „Reindlhüte". Mit Gerambs Rückkehr an die Universität und an das Volkskundemuseum in der Nachkriegszeit arbeiteten neben dem Steirischen Heimatwerk und seiner „Anhängerschaft" vor allem das Volksbildungsheim St. Martin und dessen Landwirtschaftliche Fachschule (Frau Dir. Elfriede Temm) mit ihren über das Land verstreuten Zweiganstalten, das Landesjugendreferat mit seinen zahlreichen Tanzkreisen (Herr Fritz Frank) und der neu gegründete „Bund Steirischer Landjugend" mit Fleiß und Eifer an der Trachtenpflege. Diese war — zuweilen im Gegensatz zur Kostümierung mancher wohlmeinender „Gebirgstrachtenerhaltungsvereine" — im Sinne unseres Herrn und Meisters Geramb zwar auf der Überlieferung beruhend, jedoch der Gegenwart angepaßt und auf die Zukunft ausgerichtet, im Wissen um den steten, wenngleich schrittweisen Wandel der Tracht.

Steirisches Gedenkjahr 1959

Als Markstein für die weitere Entwicklung der Trachtenpflege ist das **Steirische Gedenkjahr 1959** anzusprechen. Eine Arbeitsgemeinschaft des Steirischen Volksbildungswerkes, geleitet von **Dir. Karl Stöffelmayr,** erarbeitete zunächst mehr als zwei Dutzend Frauentrachten als Vorführmuster für Trachtenschauen. Auch eine Dia-Reihe für Vorträge wurde angeschafft.

Trachtenmappe 1959

Die vom Steirischen Volksbildungswerk herausgegebene Mappe **„Steirische Trachten"**[13]) nennt folgende Bearbeiter: **Karl Stöffelmayr** („Tracht und Trachtentragen" und „Die steirische Frauen- und Mädchentracht"), **Dr. Gundl Holaubek-Lawatsch** („Beschreibung der Frauen- und Mädchentrachten), **Sylvia Dollinger** („Nähanleitungen zu den Frauentrachten"), **Brunhild Sittig** („Das Hemd = die Bluse"), **Dr. Sepp Walter** („Die steirische Männertracht") gemeinsam mit **Lois Pregartbauer** (Beschreibung der Männertrachten). Die Trachtentafeln und Werkzeichnungen fertigte **Magda Vogl-Suppan** an, den Schnittmusterbogen **Irene Garbislander.** Die Mappe war bald vergriffen und wurde nicht neu aufgelegt, da in einer nächsten Publikation mehr erneuerte Formen —auch von Männertrachten — Platz finden sollten. Einige behutsame Wiederbelebungen und Erneuerungen wurden schon 1958/59 nach originalen Trachtenstücken im Volkskundemuseum oder in den Sammlungen von Leoben und Trofaiach in die Mappe aufgenommen. Das **Steirische Heimatwerk,** das **Haus Mothwurf-Schramke,** Graz, Kaufmann **Franz Hofer,** Trofaiach, und besonders Frau **Sylvia Dollinger,** Ramsau, waren erneuernd und herstellend tätig. Für die Männerwelt sorgten gute Schneidermeister in Stadt und Land, die sich zum Teil auch an den neuen Trachtenvorlagen orientierten. Auch die Schneiderinnen, als Meisterinnen oder für die Familie tätig, hatten genug Arbeit mit der Herstellung ungezählter Frauentrachten für die Festlichkeiten im Gedenkjahr und danach, besonders auch für die Volkslied-, Volksmusik- und Volkstanzveranstaltungen etwa des

Landesjugendreferates. In Trachtennähkursen der Landwirtschaftsschulen (St. Martin), der Steirischen Landjugend, der Bundeslehranstalten für gewerbliche, wirtschaftliche und erzieherische Frauenberufe und selbst in den Pflichtschulen wurde eifrig genäht, wurden Trachtenschauen und Ausstellungen gemacht: Alles in allem eine hohe Zeit lebendiger Trachtenpflege, in der etwa die Autorin dieses Buches (neben der musealen Arbeit und zumeist in der Freizeit) im Auftrag des Kulturreferates der Steiermärkischen Landesregierung mehr als 200 Trachtenvorträge und Trachtenschauen in der Steiermark in den Jahren 1958—59 durchgeführt hat. Eine neuerliche Intensivierung der „Trachtenszene" ergab die schon seit langem auch von der Autorin angestrebte Einrichtung einer betriebseigenen Trachtenschneiderei im Steirischen Heimatwerk. Frau **Barbara Koprivnik** arbeitete zuerst als „Leihgabe" des Kärntner Heimatwerkes in Graz und leitet nun seit 1963 als Meisterin die Werkstätte des Heimatwerkes. Mit ihr hob sich das quantitative und qualitative Niveau der „Heimatwerktrachten", und das wirkte sich in der Folge auch positiv auf die Trachtenerzeugung der ihrem Beispiel nacheifernden Schneiderinnen auf dem Lande aus.

Trachtenerneuerung ab 1974

Die steirische Welle der **Trachtenerneuerung,** für die größtenteils die Autorin verantwortlich ist, begann —zunächst fast unmerklich — verstärkt im Jahre 1974, als heimatbewußte Admonterinnen aus Anlaß der 900-Jahr-Feier des Benediktinerstiftes Admont auf landschaftseigene Trachten zurück- oder vorgreifen wollten und sich mit diesem Wunsch an die Autorin wandten. Es sei dieser nun erlaubt, diesen letzten Einleitungsabschnitt, der aus ganz persönlicher Sicht geschrieben wird, in der Ichform abzufassen.

Trachtenkongreß

Als ich 1952 die Ehre hatte, im Auftrag meines verehrten Lehrers und Vorgesetzten, des Universitätsprofessors **Viktor Geramb,** beim „I. Kongreß für Trachtenerneuerung in Österreich, Deutschland und der Schweiz" in Passau die Gegenwarts-Trachtenpflege der Steiermark in einem Referat darlegen und dann beim großartigen Schlußabend mit Trachtenschau in der riesigen Nibelungenhalle sechs steirische Trachtenpaare (mit Fritz Frank an deren Spitze) den Tausenden von Zuschauern vorstellen zu dürfen, geschah dies aus einer volkskundlich-konservativen Einstellung heraus: „Die Steiermark besitzt genügend lebendige Trachten in durchaus zeitgemäßer Art, eine Trachtenerneuerung unter Anknüpfung an längst verschwundene Formen hat unser Land nicht nötig". Dennoch haben mich schon damals die Darlegungen und Vorführungen der erneuerten Tiroler Trachten und besonders die über sein Land hinausgreifenden Trachtenerneuerungen des Oberösterreichers **Franz Lipp**[14]) — des Wissenschafters und Praktikers aus Gerambs Grazer Schule — sehr beeindruckt. Aber nur wenige Vorschläge zur Erneuerung steirischer Frauentrachten konnte ich 1958/59 durchsetzen.

Erneuerung von Frauentrachten

Als ich dann — wie erwähnt — 1972 (für 1974) zeitgemäße Admonter Frauentrachten vorschlagen sollte, brauchte ich nur auf die ehemalige Floigmayr-Sammlung des Admonter Stiftes, die ich im Landschaftsmuseum Schloß Trautenfels inventarisiert hatte, zurückzugreifen, um Vorlagen für eine einfache, aber ansprechende Gestaltung zu finden. Diese wurde dann — wie in der Folge fast alle meine Erneuerungen — zuerst von der Meisterin „Frau Barbara" im Steirischen Heimatwerk ausgeführt. Ungefähr zur selben Zeit wünschten die nach Wildon heimgekehrten Absolventinnen der Fachklasse für Trachtenschneiderei in Salzburg — **Susanna Innerhofer** und **Mathilde Lechner** — erneuerte Wildoner Trachten, und bald darauf belebten eine ganze Reihe gut überlegter trachtlicher Neuerungen für Frauen und Männer das Bild des Marktortes bei Gesang und Tanz, bei Hochzeiten, aber auch im Alltag. Dann wuchs — gleich einer Lawine — die Forderung nach erneuerten Landschafts-, ja nach Ortstrachten immer stärker an und machte, falls — wie in Graz und Leoben — nicht ohnehin schon längst geschehen, eingehende trachten- und standeskundliche Untersuchungen von musealen Stücken, Bildern und archivalisch-topographischen Nachrichten notwendig. Mancher erfreulicherweise aus dem Lande kommende Erneuerungsvorschlag (z. B. aus dem Heimatwerk Kapfenberg, aus Turnau bei Aflenz und anderen Orten, zuletzt aus dem Stiftsort Rein bei Graz) mußte überprüft und allenfalls etwas korrigiert werden. Meine — an dienstfreien Tagen und in vielen Nächten — mit Zeichenstift und Pinsel verfertigten „Entwürfe“ bezogen sich zunächst großteils — einem Zug der Zeit folgend — auf weibliche Sonntags- und Festtrachten nach bürgerlichen Vorbildern.

Wesentlichen Anteil an der Ausgestaltung der Trachten hatte die Meisterin der Heimatwerkschneiderei in Graz, Frau **Barbara Koprivnik.** Ihr und ihren Mitarbeiterinnen verdanke ich die Lösung vieler Schnittprobleme und die feinere Ausformung und Auszier der Frauentrachten. Ihrem Beispiel folgte die Heimatwerkfiliale in Kapfenberg, und seit 1981 wirkt nun die „Hilfsmeisterin“ von Frau Koprivnik, Frau **Margarete Steinbichler,** in der heimatwerkeigenen Werkstätte in Kapfenberg.

Trachtenmappe 1977

Über Wunsch der Leiterin des Steirischen Heimatwerkes Graz-Kapfenberg, Frau **Dr. Katharina Zwittnig,** erstellte ich 1977 eine Mappe mit zunächst 50 Frauen-und Mädchentrachten, darunter 35 erneuerte Formen, die später mit weiteren Blättern auf rund 70 Muster (einschließlich zweier erneuerter Männertrachten) erweitert wurde. Die Strichzeichnungen von Frau **Maria Mangge** konnten durch Farbfotos (Postkarten) ergänzt werden. Diese Initiative des **Steirischen Heimatwerkes** ermöglichte es seither einer Reihe von Schneiderinnen und Werkstätten in Stadt und Land, gute Trachten unter Verwendung unserer Erneuerungen zu schneidern. Zu deren Verbreitung tragen die Leiter von Nähkursen und Volkstumslehrgängen (Volksbildungsheim St. Martin und Zweiganstalten, Landeskammer für Land- und Forstwirtschaft, Frauenvereinigungen, Volkshochschule, Landesjugendreferat u. v. a.) in erfreulicher Weise bei. Ungezählte „Hobbyschneiderinnen“ sind nun am Werk, und sogar die Konfektion nimmt mehr und mehr überlieferte und erneuerte Trachten (meist „Dirndln“ für den Alltag) in ihr „Programm“ auf, wobei allderdings Fehler nicht immer vermieden werden. Auch die Trachtenvereine, die vielfach seit ihrer Gründung um die Jahrhundertwende einem historischen oder oberbayrischen, zum Teil verfälschten Trachtenideal angehangen sind, kleiden sich nun — in Erfüllung lebendiger Trachtenpflege anstelle von Zur-Schau-Stellung — in zeitgemäße und sogar in erneuerte Trachten.

Trachtenarbeit des Steirischen Heimatwerkes

Das **Steirische Volkskundemuseum** am Landesmuseum Joanneum verwirklichte, dem Willen seines Gründers gemäß, außer der Erfüllung rein musealer Aufgaben (Sammlung, Forschung, Darstellung) stets auch die **„Angewandte Volkskunde“**[15]) — Aufbereitung, Bereitstellung und Prüfung der Vorlagen und der neu geschaffenen kulturellen Volksgüter) — mit großem Verantwortungsbewußtsein. So gehörte auch die Wiederbelebung der steirischen Trachten durch das **Heimatwerk des Volkskundemuseums** zu den Anliegen der jeweiligen Leiter der Volkskundlichen Abteilung des Joanneums: **Univ.-Professor Dr. Hanns Koren** und (bis Ende 1980) **Dr. Sepp Walter.** Unbestritten sind auch die Verdienste aller Heimatwerk-Mitarbeiterinnen um die steirische Frauentracht.

Stellvertretend für sie seien hier angeführt: Als eine wahre Meisterin ihres Handwerks Frau **Barbara Koprivnik,** als hingebungsvolle Beraterin und stellvertretende Geschäftsführerin Frau **Christa Wohlkönig,** als tüchtiger Organisator — nicht allein von Trachtenschauen — der jetztige Geschäftsführer **Gottfried Hörmann,** als langjährige Heimatwerkleiterin und noch immer unermüdliche Konsulentin Frau **Dr. Katharina Zwittnig.** Als verständnisvoller „Schirmherr“ über dem Heimatwerk muß auch der Vorstand der Kulturabteilung im Amte der Steiermärkischen Landesregierung, **Hofrat Dr. Hans Dattinger,** genannt werden.

Erneuerung von Männertrachten

Meine Erneuerung steirischer Männertrachten ergab sich zunächst aus der mir als Kustos am Volkskundemuseum von amtswegen aufgetragenen Beratung und Begutachtung der steirischen Musikkapellen hinsichtlich ihrer trachtlichen Gewandung.

Einkleidung der Musikkapellen

Nach den Bestimmungen der zuständigen Amtsstellen der Landesregierung war (und ist) die Zuteilung eines Förderungsbeitrages für die Einkleidung unter anderem an die Echtheit der Tracht gebunden. Das brachte mir erhebliche Mehrarbeit (oft als „Freizeitbeschäftigung“), mit Beratungen und Vorträgen (zum Teil am Standort der Kapellen), die anfangs auch von mei-

Tafel 3

1 Aussee - Alltagstracht

2 Grundlseer Gewand

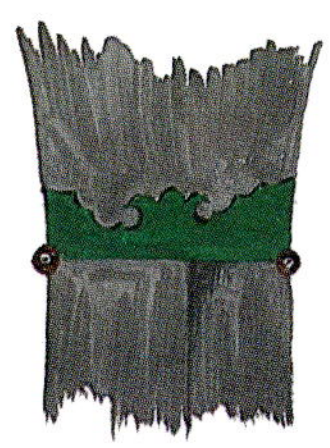

3 Ausseer Gamserlrock

4 Aussee - Frauenmantel

Tafel 5

1 Ramsau - Festtracht

2 Niedere Tauern - Sonntagstracht

3 Admont - Festtracht

4 Ennstal - Steireranzug

nem Kollegen **Dr. Sepp Walter,** später von mir allein abgehalten wurden; zumindest aber war es mit mehrmaligen Besprechungen mit Funktionären und Schneidermeistern verbunden. Da sich das „Repertoire" an steirischen Männertrachten als zu klein erwies, um die vielen Musikkapellen unseres Landes ihrem Wunsche gemäß landschaftsgetreu und dennoch unterschiedlich einzukleiden, wurde ich bestürmt, historische steirische Trachtenformen in tragbare Männertrachten für die Gegenwart umzuwandeln, also „Entwürfe" zu liefern. Aus den zunächst zaghaften Vorschlägen mehrerer von mir erkundeter Varianten bekannter Steireranzüge entwickelte sich mit fortschreitender Erforschung trachtlicher Vorformen die Erneuerung ehemals bürgerlicher, aber auch ländlicher ost-, west- und mittelsteirischer Trachten. Dabei war zu bedenken, daß vielerorts die Musikkapelle der wichtigste Kulturträger ist, daß die Jugend auch durch die Tracht für das Spiel im Musikverein gewonnen und begeistert werden kann, daß weiters viele Musikkapellen als Repräsentanten unseres Landes im Ausland gelten und dadurch auch zu einem wirtschaftlichen Faktor werden. Trotzdem ging ich bei der Erstellung des Trachtenvorschlags und der Begutachtung von den fachlichen Erfordernissen für eine vertretbare und auch tragbare „echte" Tracht nicht ab. Indessen sind — wie aus den, zum Teil schon nicht mehr dem neuesten Stand entsprechenden, Fotos im Steirischen Blasmusikbuch von Brixel und Suppan[16]) ersichtlich — mehr als 90 Prozent der 378 steirischen Blasmusikkapellen in Trachten gekleidet, die großteils auf Grund meiner Beratungen (manchmal schon zum zweiten Mal) entstanden sind.

Neben kleineren Musikantengruppen hatten viele heimatbewußte Menschen mehr und mehr den Wunsch nach einer landschaftsgebundenen west- oder oststeirischen Tracht, die nicht dem obersteirischen graugrünen Jägergewand, jedoch steirischer Kleidersitte entsprechen und für Hochzeiten und andere Festlichkeiten oder für Repräsentationsanlässe geeignet sein sollte. Hier darf ich den steirischen Landtagspräsidenten, **Univ.-Professor Dr. Hanns Koren,** und den derzeitigen Bürgermeister von Wildon, **Mag. Josef Hirschmann,** stellvertretend für die anderen Herren nennen. Nicht wenige Schneidermeister haben sich der Erneuerung in meinem Sinn angeschlossen.

Mitarbeit steirischer Handwerker

Auch hier erwähne ich nur einige namentlich: **Alfred Dallinger,** Graz; **Franz Eder,** Paldau; **Josef Gusel,** Katsch; **Friedrich Jeitler,** Hartberg; **Werner Jost,** Graz; **Alois Rechberger,** Vorau; **Hans Strohmeier,** Graz; **Alexander Tengler-Felberbauer,** Feldbach; **Rudolf Vogrin,** St. Georgen a. d. St.; **Hans Weigl,** Stainz, und besonders Vater und Sohn **Hubert Fink** in Gratkorn. Mit den beiden letztgenannten war die Zusammenarbeit in der Trachtenerneuerung seit langem und bis in die jüngste Zeit besonders ersprießlich. Selbstverständlich gibt es auch in Graz, im Ausseerland, im Enns-, Mürz-, Kainach- und Sulmtal und in der östlichen und südlichen Steiermark eine Reihe guter Trachtenschneider und auch Trachtenhuterzeuger, wie u. a. die Namen **Adamek, Pregartbauer, Schrempf** sowie **Kepka, Leitner, Nußhold, Pichler, Skriwanek** und **Stibor** zeigen. Wertvolle Hinweise zur Lederhosenerzeugung erhielt ich von **Heribert Raich,** Bad Aussee, und vom Meister des Hauses **Leopold Prammer,** Graz.

Erneuerungsgrundsätze

Bei der Erneuerung der steirischen Frauen- und Männertrachten habe ich mir strenge Grundsätze auferlegt.

1. Trachtenerneuerung nur da, wo gewüscht oder erforderlich
2. Forschungen bzw. genaue Studien als Grundlage
3. Berücksichtigung typischer, wesentlicher Merkmale der Tracht in einer Landschaft, wenn heute noch zumutbar
4. Beachtung der Gültigkeit einer Tracht für große Räume (keine „Dorftrachten") unter Beibehalt von Varianten
5. Verwendung neuer Schnittechniken
6. Verwendung auch von neuen, aber guten Materialien
7. Zeitgemäße trachtliche Gestaltung, im Wissen, daßTracht zwar beharrlicher ist als Mode, jedoch nie stehenbleibt, daher eine gewisse Anpassung an die Mode (Farbenwahl- wenn möglich, Kittellänge, Hosenweite u. a.)

8. Stilübereinstimmung erneuerter Formen bei gleichen Vorformen (z. B. bei Vorlagen von 1810/30 immer Latzverschluß, keine heute unzeitgemäße Verschnürung) und innerhalb eines Stückes (z. B. Leibchenvorder- und -rückenteil stilistisch übereinstimmend)
9. Künstlerische, geschmackvolle Gestaltung in Farbgebung und Auszier, Prüfung der Zumutbarkeit von Zierelementen (Rüschen, Perlen u. ä.)
10. Berücksichtigung anlaßgemäßer Bedürfnisse (Alltag — Sonntag, Sommer — Winter usw.)
11. Beachtung der sich entwickelnden Variantenbildung oder einer Weitergestaltung der „angenommenen" Erneuerungsvorschläge.

Tracht

Trachtenerneuerung ist nicht gleichzusetzen mit modischem „Austrian-Look". Denn **Tracht** ist landschaftsgebunden, ist kein Massengewand (wie etwa „blue-jeans"), eher ein variables Kleid einer Gemeinschaft, deren Kleidersitte die Träger verpflichtet sind. Tracht ändert sich schrittweise, nicht sprunghaft; sie ist — nach einem Goethe-Wort — „geprägte Form, die lebend sich entwickelt".

Mode und Trachtenmode - Trachtenerneuerung

Die von Zeitereignissen wie auch vom persönlichen Geschmack des Modeschöpfers bestimmte **Mode** - und mit ihr auch die sogenannte **Trachtenmode** — hat andere Merkmale und andere Zielsetzungen: Während die **Trachtenerneuerung** ihre erarbeiteten, „verantwortbaren" Formen auf Dauer in das Gemeinschaftsleben einbinden will, bedient sich die **Trachtenmode** — ohne Rücksicht auf Tradition und Landschaft —stilistisch verschiedenartiger trachtlicher Elemente (oft auf **einem** „Modell"), die ihrer Ästhetik entsprechen, wobei häufig Echtes mit Unechtem vermengt wird. Als Teil der weltweiten Modebranche dient sie dem Modekommerz — und zu dessen Forderungen gehört der Wechsel.

Allgemeine Bemerkungen

Jede **Trachtenpflege** erstrebt stilgemäßes Material und gute Schneiderarbeit mit bester Paßform. Sie wünscht keine Übertragung landschaftseigener Trachten in entfernte Landschaften (Mürztaler Tracht in Radkersburg, Sulmtaler Tracht im Ennstal oder Wechselgau-Gewand im Oberen Murtal ist falsch verstandene Trachtenpflege). Auf Ortsnamen bezogene Trachtenbezeichnungen deuten immer auf die Gültigkeit in einem größeren Bereich, in dem des Bezirkes, der Talschaft, des Dekanates usw., hin. Die Bezeichnung „Bürgertracht" ist keineswegs Ausdruck sozialer Unterscheidungen oder ein Hinweis auf die heutige Trägerschaft, da dies völlig unzeitgemäß wäre. Es wird damit lediglich das Herkommen der Vorlage —aus Markt oder Stadt— festgestellt. Ein Erstarren der erneuerten Trachten in Form und Farbe der Vorlagen ist nicht wünschenswert. Ein „wildes Erneuern" ohne Kenntnis der Trachtenkunde und des Erneuerungsstandes führt kaum zu einem guten Ergebnis.

Gerne komme ich der Verpflichtung nach, allen Dank zu sagen, die mich bei den Vorarbeiten unterstützt und mir bei der Fertigstellung des Buches geholfen haben: Besonders den Meistern, Frau **Barbara Koprivnik** und den Herren **Hubert Fink sen.** und **jun.**, für ihre Schneiderkunst und für viele technische Ratschläge bei der Erneuerung, Herrn **Dr. Sepp Walter** für das Lesen der Korrekturbogen, Herrn **Ferdinand Neumüller** für die malerischen Farbfotos und besonders Frau **Maria Mangge** für die fachliche Mitarbeit und einfühlsame Illustration des Buches, weiters den Herren vom **Kleidermachergewerbe,** der **Hutfabrik Kepka,** dem **Huthaus Skriwanek,** den **Mitarbeiterinnen** des **Steirischen Heimatwerkes** und liebenswürdigen Privatpersonen für die Leihgaben sowie den Damen und Herren, die sich persönlich für die Fotoaufnahmen zur Verfügung gestellt haben. Nicht vergessen sei der **Leopold Stocker Verlag,** dem ich für seine Geduld in Erwartung der Vollendung von Manuskript, Zeichnungen und Fotos sehr zu danken habe. Es war mein Bestreben, möglichst **alle** im Umlauf befindlichen Trachten, auch die jüngsten Erneuerungen, in das Buch aufzunehmen.

Als Volkskundlerin muß ich nochmals betonen, daß es Restauration und Innovation im Werden der Volkskultur immer wieder gegeben hat und daß oft Einzelpersonen für sie den Anstoß gegeben haben. Freilich werden erst unsere Landsleute, die die vorgeschlagenenen Erneuerungen tragen, und die Gesinnung, mit der sie dies tun, darüber entscheiden, ob neue Kleiderformen die Bezeichnung „Tracht" wahrhaft verdienen. Alle vorgestellten neuen „Trachten" sind erprobt — nicht nur auf dem Laufsteg, sondern auch im gesellschaftlichen Leben. Ein Großteil hat sich bereits bewährt und wurde zum geschätzten heimatlichen Gewand. Dank für meine Trachtenarbeit wäre mir die Erfüllung eines Wunsches: Möge die steirische Tracht weiterhin und wieder getragen werden — zur Freude ihrer Träger und zur Ehre unserer Heimat, der Steiermark!

Graz-St. Veit, im Sommer 1983

Gundl Holaubek-Lawatsch

Anmerkungen (Literaturhinweise in Auswahl):

1) Die Kostümgeschichte aller Zeiten, Knaurs Kostümbuch, Hrsg. Henny Harald **Hansen,** München 1957.
Ludmilla **Kybalova,** Das große Bilderlexikon der Mode. Vom Altertum zur Gegenwart, Hrsg. Joachim **Wachtel,** Prag 1966.
Eva **Nienhold,** Kostümkunde. Ein Handbuch für Sammler und Liebhaber, Braunschweig 1961.

2) Franz **Lipp,** Volkstracht. Zur Geschichte und landschaftlichen Gliederung der österreichischen Volkstracht. Aus: Volkskunde für Jedermann, Hrsg. Adolf **Mais,** Wien 1952, S. 229—265.
Ders., Die Grundtypen der Männertracht. In: Österreichischer Volkskundeatlas, 3. Lieferung, Bll. 39 u. 40, Wien 1968.
Ders., Frauentrachten I und II (von 1750 bis zur Gegenwart), ebenda. 4. Lieferung, Bll. 65, 66, 67 a + b, Wien 1971.

3) Konrad **Mautner** und Viktor **Geramb,** Steirisches Trachtenbuch 1 (Von der Urzeit bis zur Französischen Revolution), Graz 1932, und 2 (Von 1780 bis zur Gegenwart), Graz 1935.

4) **Erzherzog Johann von Österreich,** Der Brandhofer und seine Hausfrau, Hrsg. Walter **Koschatzky,** Graz, 3. Auflage 1978, S. 171 f.

5) Leopold **Schmidt,** Trachtenforschung und Gegenwartsvolkskunde. In: Mitteilungen des Instituts für Gegenwartsvolkskunde Nr. 3 (Österr. Akamdemie der Wissenschaften), Wien 1975, bes. S. 401.

6) Gundl **Holaubek-Lawatsch,** Das Kleid der Anna Plochl und des Erzherzogs grauer Rock,. In: Erzherzog Johann von Österreich — Beiträge zur Geschichte seiner Zeit (Katalog zur Landesausstellung 1982), Hrsg. Grete **Klingenstein** und Peter **Cordes,** Graz 1982, S. 418—426.

7) Wilhelm **Neumann,** Der verbotene Steireranzug. In: Siedlung Macht und Wirtschaft. Festschrift Fritz Posch zum 70. Geburtstag, Hrsg. Gerhard **Pferschy,** Graz 1981, S. 255—269.

8) Franz C. **Lipp,** Eine europäische Stammestracht im Industriezeitalter, München 1978.

9) Gundl **Holaubek-Lawatsch,** Das Kleid der Anna Plochl und des Erzherzogs grauer Rock. S. Anmerkung [6]), S. 415—418.

10) Die Kostümgeschichte aller Zeiten, Knaurs Kostümbuch. S. Anmerkung [1]) S. 220—221 und S. 224.

11) Wolfgang **Suppan,** Musik. In: Katalog zur Landesausstellung 1982, s. Anmerkung [6]) S. 185—189.

12) Franz **Lipp,** Angewandte Volkskunde als Wissenschaft. In: Volk und Heimat. Festschrift für Viktor Geramb, Hrsg. Hanns **Koren** und Leopold **Kretzenbacher,** Graz—Salzburg—Wien 1949, S. 307—317.

13) Steirische Trachten. Herausgegeben von der Arbeitsgemeinschaft für Volksartpflege im **Steirischen Volksbildungswerk.** Zum Steirischen Gedenkjahr 1959, Graz 1959 (vergriffen).

14) Franz **Lipp,** Von Restauration zur Innovation. Grundsätzliches zur Trachtenerneuerung. In Franz **Lipp**-Helene **Grünn,** Volkstracht in Niederösterreich. Erneuerte Tracht. Linz 1973, S. 9—34.

15) Franz C. **Lipp,** Wissenschaftliche und ideelle Grundlegung der Trachtenerneuerung. In: Oberösterreichische Trachten, 2. erw. Auflage, erneuert und zusammengestellt von Franz **Lipp** mit Helga **Jungwirth** und Hilde **Kelp,** Folge 1, S. 9—18 mit der dort angeführten Literatur.

16) Eugen **Brixel** und Wolfgang **Suppan,** Das große steirische Blasmusikbuch. Mit Ehrentafel der steirischen Blasmusikkapellen, Wien — München — Zürich — New York 1981, S. 200—417.

17) Zum Kärntner (Landestrachten-) Anzug siehe:
Franz **Koschier,** Lebende Kärntner Volkstracht, II. Teil, Klagenfurt 1978, S. 59—66.

A. Die steirische Frauen- und Mädchentracht

Die Frauen- und Mädchentracht in unserem Heimatland besteht im wesentlichen aus dem Leibkittel (auch „Leiblkittel") — zusammengesetzt aus ärmellosem Leibchen und Kittel — und (darunter) dem ursprünglichen „Hemd", heute Bluse genannt, der Schürze, den Strümpfen und Schuhen. Dazu kommt bei der Sonntagstracht meist ein seidenes Brust- oder Halstuch. Als Kälteschutz trägt man ein trachtliches „Strickjackerl" oder eine Joppe, überlieferungsgemäß ergänzt durch Kopftuch oder niederen Filzhut („Reindlhut"). Oder man wählt als Überkleidung einen Spenser, der kürzer und meist tiefer ausgeschnitten ist als die Joppe. Die Festtracht ergänzt man — so sollte es zumindest sein — durch Häubchen oder Haube. Schwarzes Kopftuch und Steirerhut sind in besonderen Fällen (Ausseer Tracht, Steirerkostüm) angebracht. — Grundsätzlich ist in der weiblichen Trachtenkleidung auf Längsbetonung (in Schnitt, Auszier und Musterung) zu achten, dann ist sie kleidsam auch für stärkere Gestalten.

Die im folgenden Abschnitt aufgezeigten Grundbestandteile der Tracht sowie das Zubehör sind im ganzen Land oder in mehreren Landschaften gültig und spalten sich durch Auszier und Wahl der Farben in landschaftliche Sonderformen.

1. Die **Bluse** (früher **„Hemd")** ist aus weißem Material in Leinenbindung gearbeitet (Leinen, Baumwolle = Baumwolleinen und undurchsichtige Kunstfasern). Sorgfältige Arbeit (Weißnäherei) und feine Auszier verschönen die ganze Tracht. Zierstich kann in Rot, Blau, seltener in Violett gehalten sein. Bei Alltagstrachten sollte jedoch eine Überladung mit Smok oder Stickerei vermieden werden. Zur Festtracht wirkt am besten die weiße Verzierung. Breite Klöppelspitzen und maschinell hergestellte Zwirnspitzen am Ausschnitt und an den Ärmelenden oder Spitzeneinsätze sind ebenso unsteirisch wie spitzenbesetzte Volants am glatten Ärmelende. Eine schmale, allenfalls handgehäkelte Spitze, eine Schlingspitze und ein rotes Monogramm in Kreuzstich werden dem überlieferten „Hemd" am ehesten gerecht. Fältchenzug, abgenähte „Biesen", Smokarbeit, Kreuz-, Hexen- oder Bäumchenstich sollen nicht überwuchern, die Ärmel an den Schultern, auch ohne den alten Kimonoschnitt, abfallend gearbeitet sein. Die Knöpfchen sind stets weiß, aus Perlmutter oder ähnlichem Material. Die heute allgemein übliche kurze (knapp unter die Brust reichende) Form kann auch verlängert sein und mit einem an den Hüften angesetzten Unterrock wieder zum Hemd (zur „Pfoad") gemacht werden. Der Halsausschnitt ist immer rund; nie eckig und nie mit einer Querspitze besetzt wie etwa in der Trachtenmode. Der Ausschnitt sollte nicht zu tief sein.

Wir haben fünf Blusentypen herausgestellt:

a) Kurzärmelige, glatte Blusen, „Schnitterhemd" genannt, im vereinfachten Kimonoschnitt. Der rollierte Halsausschnitt ist nur schwach gezogen, meist ungeteilt oder mit ein bis zwei Knöpfchen zu schließen. Diese einfache Bluse ist für Alltagstrachten im Sommer geeignet.

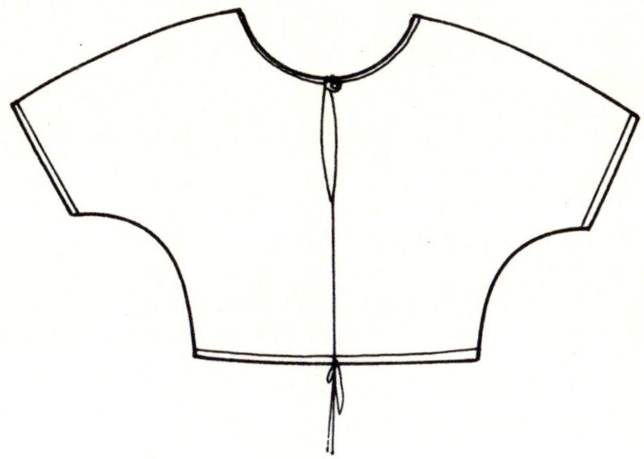

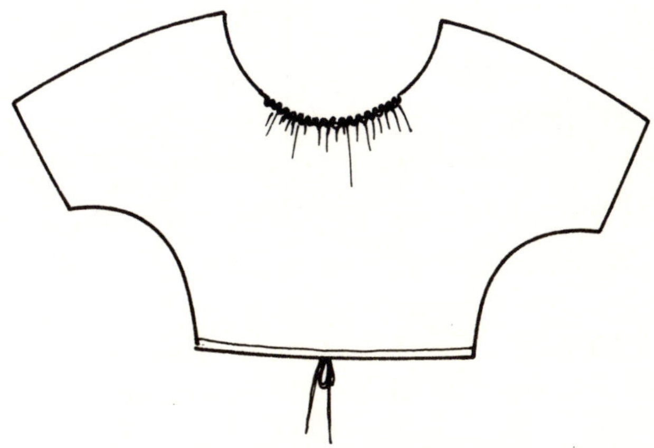

b) Kurzärmelige Bluse, mit oder ohne Knöpfchenverschluß, mit eingesetztem oder an die Kimonoform angesetztem Ärmel und mit (durch Zugband) gezogenem Ärmelrand („Volant"). Die Ärmel sollten nicht zu stark gepufft sein, um die Schultern nicht ungünstig zu verbreitern. Auch mit Zierstich für alle Alltagstrachten geeignet, mit weißer Zierarbeit auch für einige bürgerlich-festliche Trachten mit Vorformen um 1800 (z. B. Radkersburg, Leoben, Oststeiermark). Für das Ausseerland ist die Puffärmelbluse mit Durchzugband am Halsausschnitt und Froschgöscherlzier zuerst kennzeichnend geworden. Sie hat sich indessen auch in anderen Landschaften durchgesetzt.

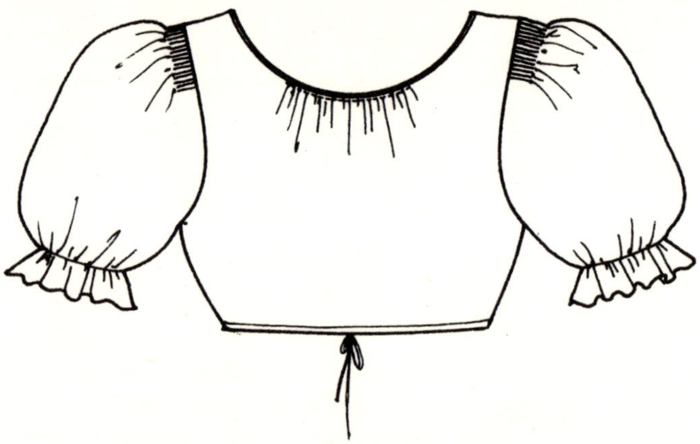

c) Langärmelige Bluse mit tief angesetztem Ärmel (ältere Form), bei der heute der „lachsnkern" meist wegbleibt, oder mit eingesetztem, gezogenem bzw.

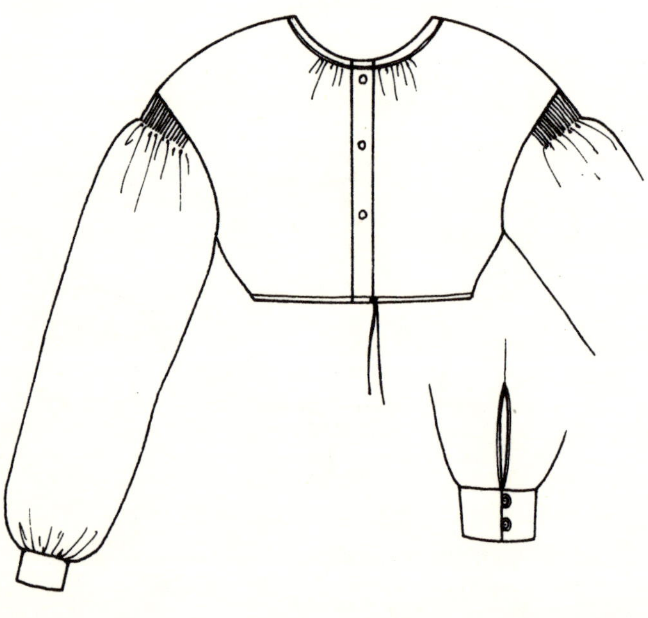

gefälteltem Ärmel (jüngere Form) und Ärmelbündchen. Der rollierte Ausschnitt kann halsnah oder tiefer sein, Knöpfchenverschluß empfiehlt sich zur Schonung der Frisur beim Anziehen. Die hochgeschlossene Bluse sollte auch wirklich geschlossen werden; das Offenlassen des obersten Knopfes ist abzulehnen. Reichere oder geringere Fältchenzier und Smokarbeit werden durch die mehr oder minder festliche Tracht des Leibkittels bestimmt. Überladene Smokarbeit, die den Oberarm fast völlig verdeckt, ist unpassend für die Bluse. Hier bedeutet ein Weniger oft ein Mehr.

d) Dreiviertelärmelige Bluse mit an der Achsel gezogenem, am Unterarm glatt anliegendem Ärmel, der meist mit einer schmalen Spitzenkante abschließt. Am rollierten Ausschnitt, am Ärmel und an der Knopfleiste (wenn zu knöpfen) kann zarte Zierstickerei angebracht werden. Diese Blusenart wurde vor etwa 20 Jahren aus Kärnten in das Steirische Heimatwerk „eingeführt" und erfreut sich seither großer Beliebtheit.

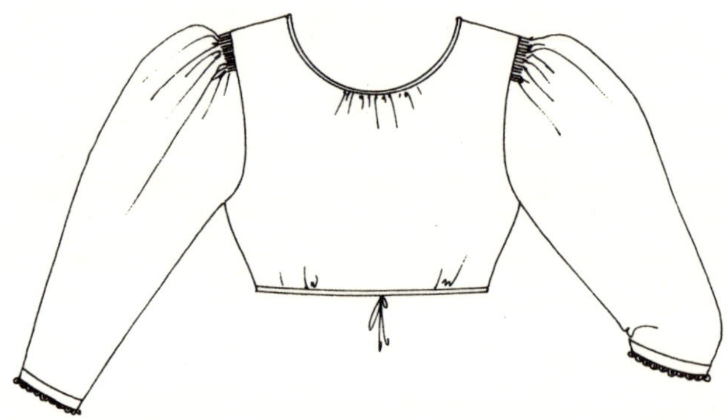

e) Hochgeschlossene, meist langärmelige Bluse mit Stehbündchen (Stehkragen) und Ärmelbündchen. Sie wird vor allem zum hochgeschlossenen Leibchen ge-

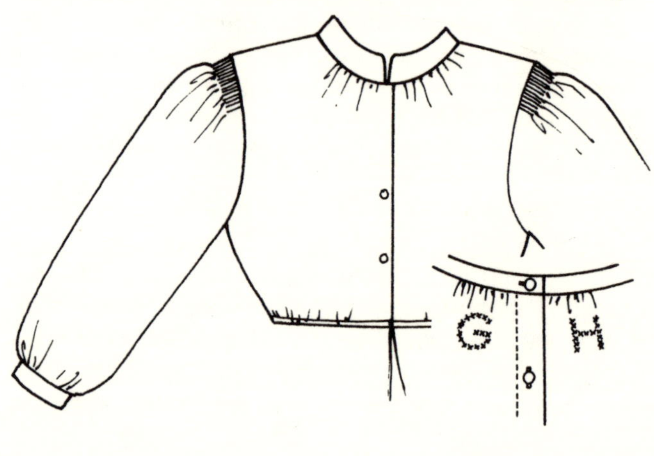

tragen. Das früher fast immer mit einem Knopf zu schließende Stehbündchen bleibt jetzt — mit Abrundung der Ecken — meist knopflos. (Die Knöpfe ab dem Halsansatz sind jedoch zu schließen.) Fältchen und Zierstich am Ärmel sind auch hier möglich.

Zwischen den einzelnen angeführten Typen gibt es mehrere Übergangsformen.

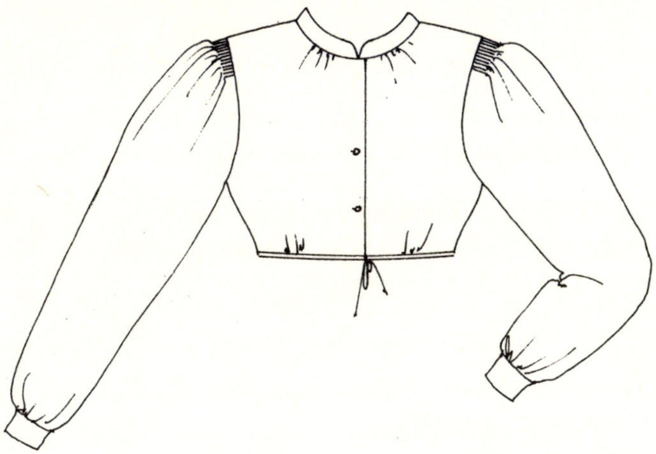

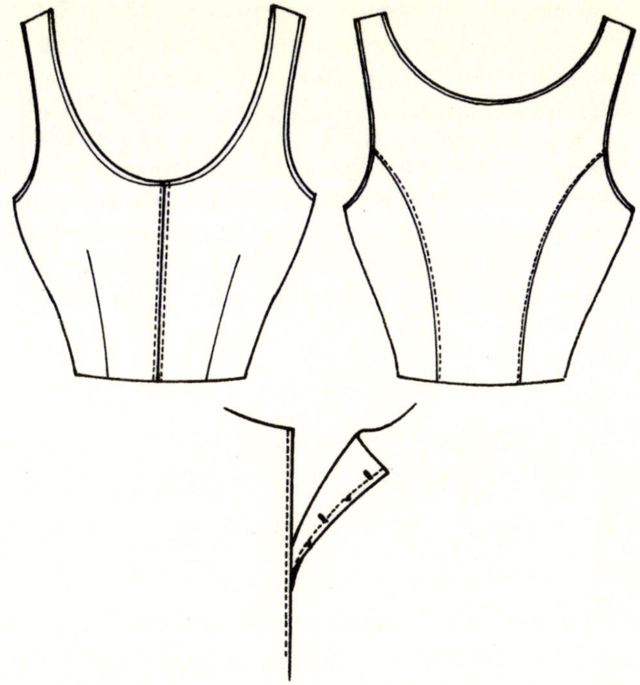

2. Das **Leibchen** kann nach Form und Farbe verschiedenartig gestaltet sein. Einige Formen bestimmen die Alltags- **und** die Festtracht, einige nur die Alltagstracht und eine der Typen kennzeichnet nur gewisse bürgerliche Festtrachten. Die Farbenauswahl ist gerade in der steirischen Tracht, vor allem in der Festtracht, sehr groß und kann daher auf das Aussehen der Trägerin abgestimmt werden, aber auch das Formenangebot ist für jede steirische Landschaft bedeutend. Das Wesentlichste ist die gute, eng anliegende Paßform des — stets gefütterten —Leibchens. Der Brust-Ausschnitt ist mit Ausnahme der aus dem Brustfleck kommenden Form stets rund bzw. abgerundet. Gestreifte Stoffe werden für das Leibchen nicht verwendet.

a) Gehafteltes Leibchen im „Grundschnitt", d. h. mit beidseitig je einem Einnäher im Vorderteil und zwei Rundnähten im Rückenteil. Der runde Halsausschnitt, die Ärmelausschnitte und Rückennähte sind immer passepoliert (mit Schnureinlage). Diese gehaftelte Form wird in meist einfarbigem Waschstoff und in Wolle oder Seide (bzw. Kunstfaser wie Polyester), also für Alltags-, Sonntags- und (mit entsprechender Auszier) für Festtrachten verwendet. Nach dem gleichen Schnitt arbeitet man auch hochgeschlossene, gehaftelte Leibchen in Baumwoll- oder Wollstoff.

b) Geknöpfeltes Leibchen im Grundschnitt (wie unter a) aufgezeigt) mit passepoliertem, rundem Ausschnitt, Einnähern und runden Rückennähten. Das Rückenpassepoil (Paspelung) soll der „unzerteilten" Wirkung wegen fast immer in Farbe und Stoff des Leibchens gehalten sein. Je nach Bedarf können Baumwolle oder Wollstoffe, Seiden- oder Kunstfaser-Brokate (auch Mischgewebe) und Perlmutter-, Steinnuß-, zuweilen auch echte Silberknöpfe (niemals „Blech"!) verwendet werden. Für hochgeschlossene, geknöpfelte Leibchen aus Baumwolle oder Wollstoff gilt der gleiche Grundschnitt.

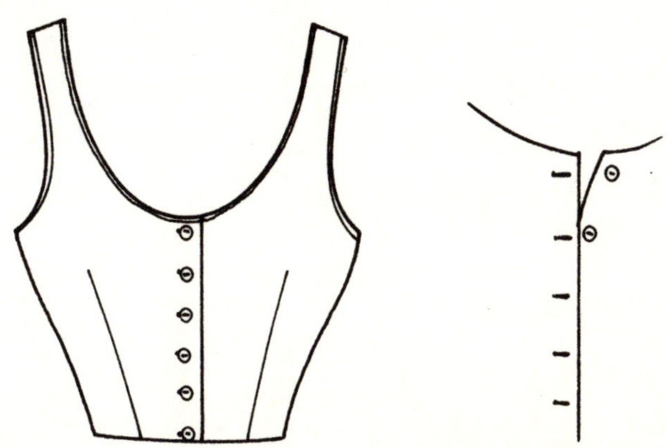

c) Leibchen mit gezogenem Brustteil, also mit Sattel und (Magen-)Passe. Der Leib ist rund ausgeschnitten, aber auch hochgeschlossen (allenfalls mit kleinem Stehkragen), der Brustteil weist vielfach „Froschgöscherl"-Abschluß auf. Der Rücken ist je nach Sonderform mit Bogennähten oder einer Mittelnaht gearbeitet, kann aber auch ungeteilt bleiben. Das Material für diese Form ist meist Waschstoff; für die hochgeschlossene Sonntagstracht mancher Gegenden wird auch Wollstoff verwendet.

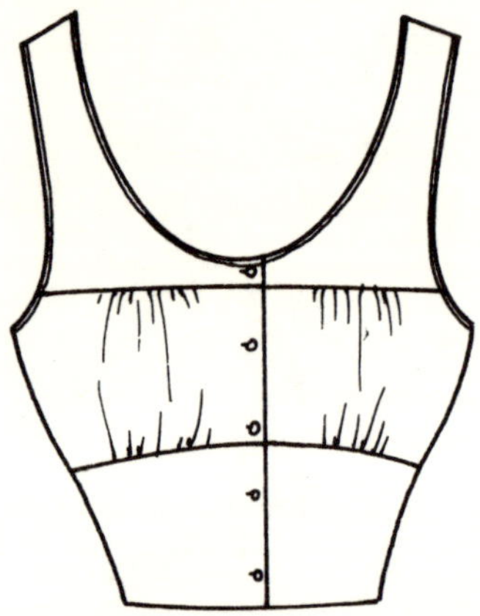

d) Brustfleckleibchen in einfacher Gestaltung dieses ostösterreichischen Typus. Das aus einem waagrechten, glatten und einem senkrechten, gezogenen Brustteil zusammengesetzte Leibchen wird im Rücken mit Knöpfen (statt ursprünglicher Bandverschnürung) geschlossen. Durch die an den waagrechten Brustteil angeschlossenen Träger ergibt sich ein eckiger Halsausschnitt in verschiedenen Ausformungen. Bei hinzutretendem Vorderteilverschluß fällt die vorherige

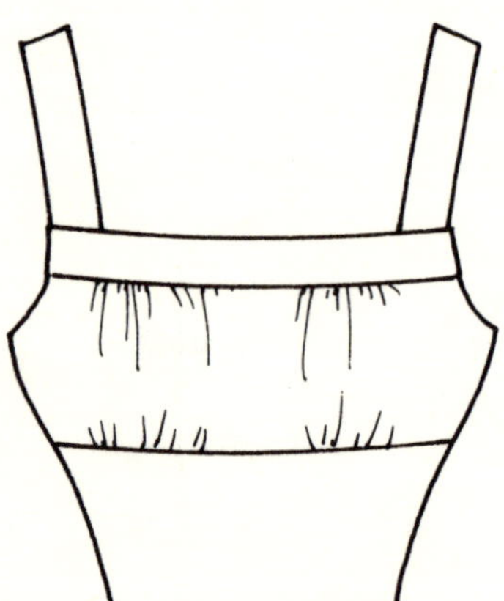

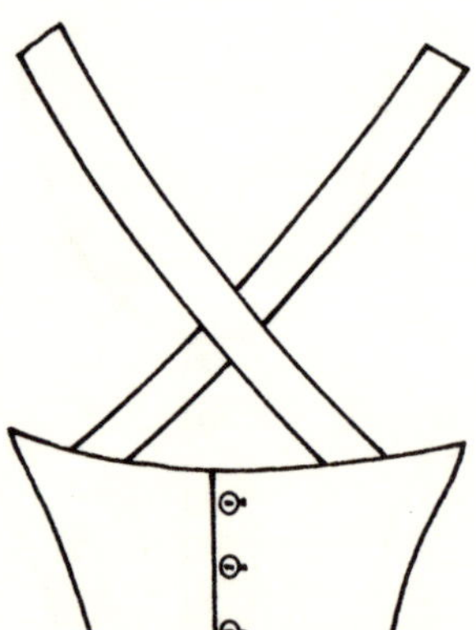

Rückenverschnürung meist weg, es bleiben jedoch die Ziernähte. Da dieses Leibchen auf ein ursprüngliches Unterkleid zurückgeht, auf ein sogenanntes „Busenmieder" (= Büstenhalter), ist es in der Regel der Alltagstracht zugehörig und daher aus Waschstoff (Baumwolle). Alle diese Leibchen mit ausnahmsweiser Querbetonung stehen schlanken Mädchen oder Frauen besonders gut.

e) Das Leibchen mit Latzverschluß wurde erneuert nach Miedern mit Latz und Verschnürung des 18. Jahrhunderts, die noch im frühen 19. Jahrhundert im oberen Enns- und oberen Murgebiet sowie in bürgerlichen Trachten der Ost- und Südsteiermark üblich waren. Bei der Erneuerung wurde die in der Steiermark längst unzeitgemäße Verschnürung weggelassen, der Latz aber in nach oben konvex oder konkav gerundeter Form beibehalten. Er ist auf einer Seite am Leibchen festge-

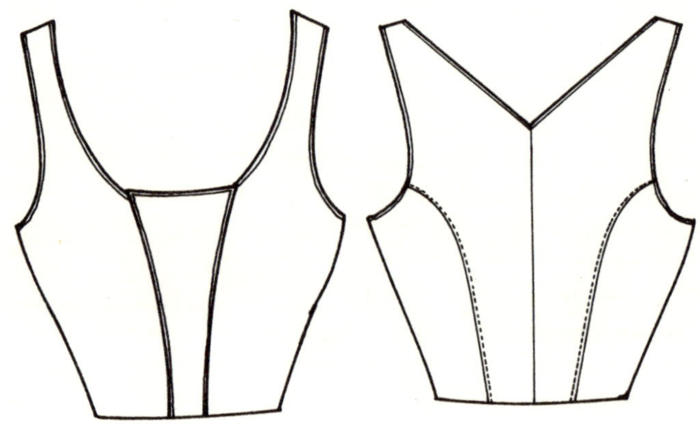

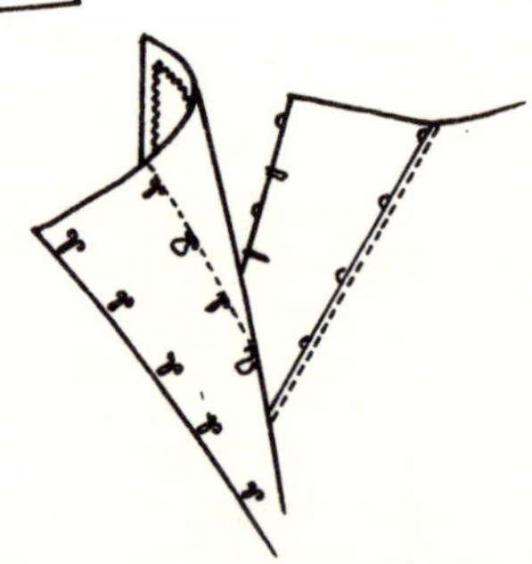

näht, auf der anderen mit diesem durch Hafteln oder Druckknöpfe verbunden. So verdeckt er den darunterliegenden Haftelverschluß und erzielt eine eher schlankmachende Wirkung. Die verschiedene Ausgestaltung mit Borte, Bandeinfassung oder Stickerei bringt die landschaftliche Eigenart dieser stets festlichen Form zur Geltung.

3. Der **Kittel** ist zumindest seit dem ersten Drittel unseres Jahrhunderts bei allen Trachtengewändern — auch bei denen mit Brustfleckleibchen — fest mit dem Leibchen verbunden. Er soll mehrmals in regelmäßige Stehfältchen (hand-) gezogen und händisch an das Leibchen genäht werden, vorne aber durch eine beidseitig eingelegte breite Falte glatt bleiben. Der Kittel sollte niemals zu kurz — zumindest die Knie, besser die halbe Wade bedeckend — gemacht werden. Nur ganzseidene Festtrachten dürfen knöchel- oder bodenlang sein. Waschstoffdirndln in Abendkleidlänge sind stillos. Ein allfälliges Streifenmuster muß stets senkrecht verlaufen, Blümchenmuster müssen nach oben gerichtet sein. Ein Kittelbesatz („Kittelblech“ = Kittelbeleg) an der

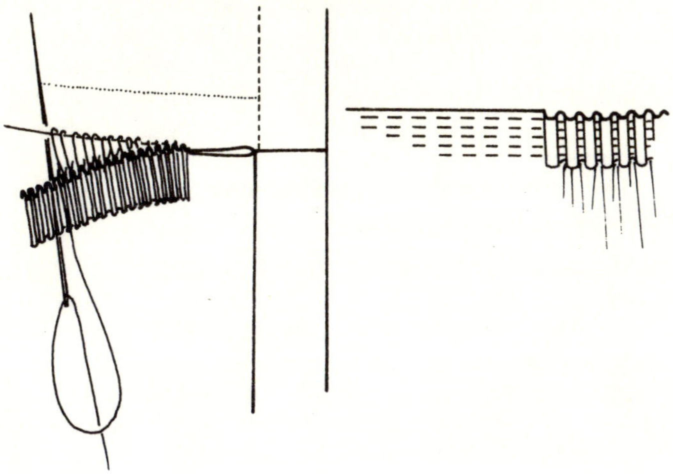

Innenseite mit Vorstoß oder schmalem äußerem Randbesatz stört die angestrebte Längsbetonung kaum; ein weiter Rock verhüllt eine üppige Gestalt eher als ein zu enger. Die Stoffarten sind so vielfältig wie die Trachten: Vom Waschstoff über den Wollstoff bis zum Seidenbrokat, immer in möglichst kleiner Musterung — je nach Gebrauch und Güte der Tracht — reicht die Palette. Die Farbe richtet sich nach dem Leibchen.

4. Der **Leibkittel** kann einheitlich, d. h. Leibchen und Kittel aus gleichartigem und gleichfarbigem Material gearbeitet, aber auch verschiedenartig zusammengesetzt sein. In letzterem Fall hat unbedingt (mit Ausnahme der „Ramsauer“ und der „Judenburger“ Festtrachten), das Gesetz des harmonischen Kontrastes zu walten. Das heißt bei der Alltagstracht, dem „Waschstoff-Dirndl“, sollen sowohl Farbe als auch Muster von Leibchen und Kittel miteinander kontrastieren. Das heißt zu rotkariertem oder glattem (ungemustertem) Leib gehört ein blau-, grün- oder schwarzgrundiger, allenfalls gestreifter Kittel. Bei blauem oder grünem Leib muß der Kittel rot oder braun und gegensätzlich gemustert sein. (Auch karierte Kittel sind echt.) Zu violett paßt als Kontrastfarbe z. B. grün oder hellbraun. Sind auch — bedauerlicherweise — z. B. zum hellblauen Leibchen ein dunkelblauer oder schwarzer Kittel „modern“, so ist dieses „Ton in Ton“-Halten nicht typisch steirisch. Ebenso falsch wäre z. B. ein rot-weiß getupfter Leib zu einem blau-weiß getupften Kittel. Einen weiteren Farben- und Formendreiklang, gelegentlich auch eine Harmonie der Farben, ergibt die Schürze.

5. Die **Schürze** aus Waschstoff (Alltagstracht) oder Seide (Festtracht) ist meist auf Bund gearbeitet (Ausnahme: Reiner Tracht), die verstürzten Schürzenbänder werden in der Steiermark immer hinten gebunden, wobei die lang hinunterhängenden Bänder die Figur „strecken“. Auch Längsstreifen machen schlank, zu große Musterungen „tragen auf“. Die Schürzenfarben sind durch die Überlieferung als schützendes, farblich zurücktretendes Kleidungsstück geregelt und ihre Farbe durch die des Leibkittels bestimmt. An erster Stelle — vor allem bei der Alltagstracht — steht Blau. Dazu gesellen sich Schwarz und Violett, seltener Grau und Braun — immer gut abgestimmt auf den Leibkittel oder das Spenserkleid („Bürgerkleid“). Die Musterung wird in harmonischem Kontrast auf Farben und Muster des Leibkittels (oder des Bürgerkleides) ausgewählt: Zu gemustertem Leibkittel (oder Bürgerkleid) die glatte oder gestreifte Schürze; zu gemustertem Leib und gestreiftem Kittel eine einfarbige, ungemusterte Schürze, zu ungemustertem Leib und gestreiftem Kittel (farblich natürlich immer in Kontrastfarben) eine Schürze mit Streumuster oder Punkten. Zum ungemusterten Leib und getupften oder gemusterten Kittel schließlich eine gestreifte Schürze. Rote, rosa, grüne, gelbe und auch weiße Schürzen sind unsteirisch und daher unecht.

6. Das **Hals-** oder **Brusttuch** zur Sonntags- und Festtracht ist immer aus Reinseide mit überlieferten eingewebten oder aufgedruckten (Handdruck-) Mustern. Es muß bei der echten Tracht stets farblich vom Leibchen (oder vom Spenser) abstechen. Es kann sowohl gesäumt sein als auch gezupfte oder handgeknüpfte Fransen haben. Aber nur für Leibchen aus Wollstoff oder Brokat ohne Zierbesatz oder -einfassung am Ausschnitt ist ein Fransentuch sinnvoll. Es wird am Rückenausschnitt mit silberner Trachtennadel befestigt, wobei

es in Dreiecksform hinten über das Leibchen hinunterhängt, muß aber dann auch vorne **auf** dem Leibchen zusammengerafft und mit einer Brosche befestigt werden. Keinesfalls darf das Tuch am Rücken über das Leibchen (und außerdem breit über die Schultern) fallen, aber vorne in den Ausschnitt gesteckt werden. Bei Leibchen mit Rüschenzier (auch am Bürgerkleid), Samteinfassung oder Bortenbesatz um den Ausschnitt ist das Tuch unbedingt vorne **und** im Rücken in den

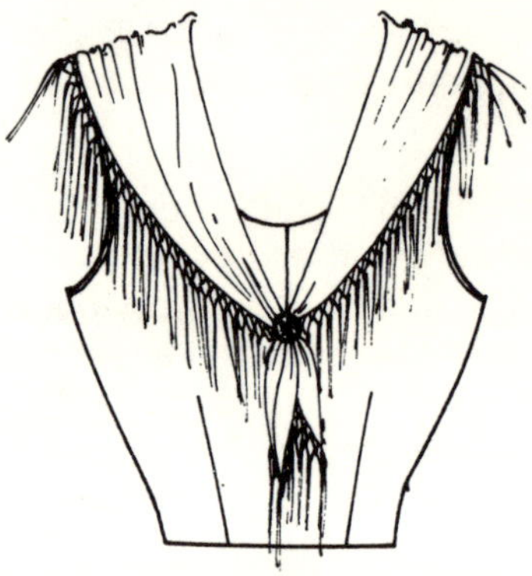

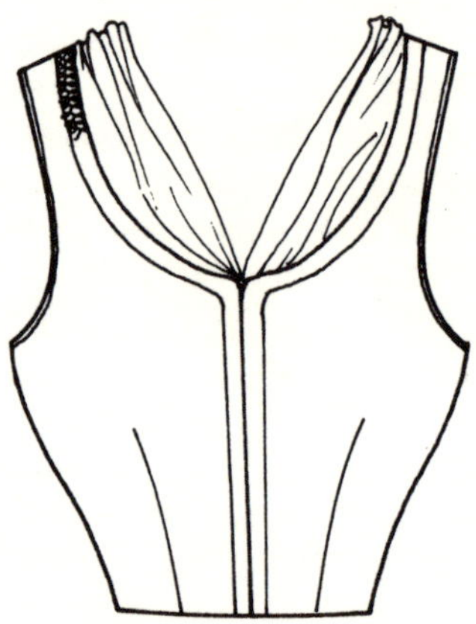

Ausschnitt einzustecken. Man zieht es am besten durch eine in der Rückenmitte des Leibchens innen befestigte senkrechte Stoff- oder Garnschlinge und von da nach vorne, wobei man die Fransenkanten des dreieckig gefalteten Tuches sorgfältig im Ausschnitt verbirgt. Die Trachtenbrosche kann dann entfallen und durch eine Silber- oder Granathalskette ersetzt werden. Das Tuch braucht dann auch nicht besonders groß und mit langen Fransen besetzt zu sein. Auf jeden Fall soll es aber in farbigem Kontrast zum Leibchen stehen. Also ein rosa Tuch (allenfalls mit eingewebten oder aufgedruckten silbergrauen oder bläulichen Ornamenten) zum blauen Leibchen; ein blaues Tuch nimmt man dagegen zum roten Leibchen usw., und keinesfalls etwa ein blaues Tuch zum blauen Leibchen bzw. seidenen Ärmelgewand („Bürgerkleid"). Hier gilt also nicht — wie zuweilen in der Mode — das „Ton-in-Ton"-Prinzip. Allerdings soll bei kräftigen Farbtönen und reicher Auszier des Leibchens das Tuch farbig gedämpft und möglichst nur in sich gemustert sein. In Ausnahmefällen (Perlstickerei, Goldbortenbesatz, Familienschmuck, zur Hochzeitstracht) kann es auch wegbleiben.

7. Die **Strümpfe** sind vor allem weiß oder — wenn farblich passend — blau, wobei hellblaue, blaugraue oder lavendelblaue Farbtöne zu bevorzugen sind. Schöne handgestrickte Kniestrümpfe verlangen genügend lange Kittel. Besonders für Mädchen sind auch weiße Strumpfhosen empfehlenswert. Dunkelrote Strümpfe kommen vereinzelt vor. Zum Steirerkostüm passen graue und allenfalls auch grüne Strümpfe bzw. „Stutzen".

8. Die **Schuhe** müssen aus schwarzem Glatt- oder Rauhleder verfertigt sein. Nur zum hellen Brautgewand sind Sämischleder--Trachtenschuhe in Beige oder weiße, auch helle, auf das Brautkleid abgestimmte Stoffschuhe (Satin, Duchesse) erlaubt. Rund ausge-

schnittene, mit oder ohne Zierschnalle versehene Schuhe („Pumps") entsprechen dem Trachtenstil. Modische, z. B. spitze Formen mit überhohen Absätzen oder Fersenausschnitt sind stilistisch unpassend.

Tafel 7

1 Murau - Alltagstracht

2 Judenburg - Bürgerinnentracht

3 Zeiring - Spensergewand

4 Hammerschmiedrock

Tafel 8

1 Liesingtal - Ausgehtracht

2 Eisenwurzen - Festtracht

4 Obersteirische Weste

3 Leoben - Stutzfrackerl

9. Die **Überkleidung** wird auf die darunter getragene Tracht abgestimmt und nach trachtlichen und stilistischen Erwägungen ausgewählt.

a) Ein gestricktes Trachtenjäckchen ergänzt die Alltagstracht. Aus weißer, grauer, auch braungrauer oder grüner Wolle gestrickt, neuerdings auch in Schwarz wie Joppe oder Spenser (steirisch-mundartlich: Spenser oder „Spensale", daher diese Schreibweise mit „s"), liegt es eng am Oberkörper an und endet meist nur wenig unterhalb der Taille. Der gewöhnlich runde Halsausschnitt wird durch kleine Zacken („Mauszahnderln") oder ein Stehkrägelchen abgeschlossen. Ein graues Jäckchen kann auch dunkelgrün umrandet werden. Gegenwärtig werden — unterstützt von einer Modewelle — viele Zugmaschenmuster („Model") von den Männerstrümpfen auf die „Strickjackerln" übertragen,

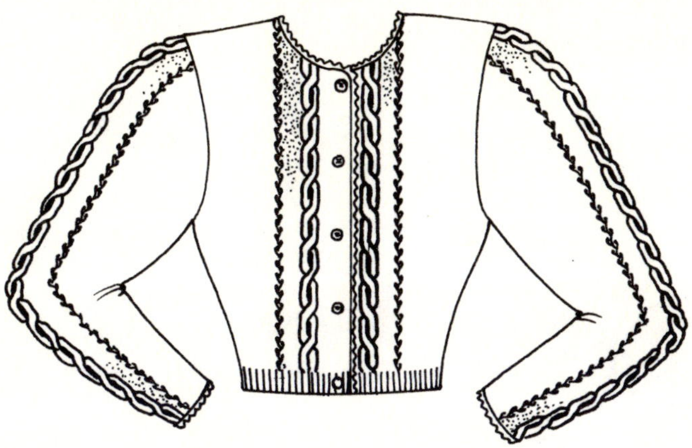

wobei auf Längsbetonung Wert gelegt wird. Für die Knöpfe sind Perlmutter, Horn (oder ähnliches Material), Steinnuß und geglättetes Hirschhorn zu empfehlen; Knöpfe aus glänzendem Weißmetall (die den echten Silberknöpfen der Männerwesten nachgemacht wurden) sind jedoch abzulehnen. Die vom Steirischen Heimatwerk und vom Landschaftsmuseum Schloß Trautenfels im Ennstal herausgegebenen Strickhefte bieten Anleitung und reiche Auswahl an Strickmustern.

b) Die Joppe paßt zur Alltags-, Sonntags- oder auch Festtracht und kann aus Wollstoff, Loden, Tuch oder Samt sein. Sie ist in der Regel länger als der Spenser und meist schwarz gehalten, könnte aber auch farblich auf die darunter getragene Tracht abgestimmt werden und braun, blau, dunkelrot sein. Sie ist mit schwarzen Kunststoff- oder Preßknöpfen (aus dem Joppenstoff), aber auch mit starken Hafteln zu schließen und mit halsnahem, rundem Ausschnitt oder mit Stehkragen versehen. Beide können — wie auch die Haftelkante —durch Samt- oder Posamenteriebesatz betont werden. Auch Samteinfassung bzw. Samtvorstoß ist möglich, meist in Schwarz, jedoch — je nach Farbe der Joppe —z. B. auch in Dunkelblau oder Weinrot (z. B. zum „Jöpperl" aus Handwebe oder Wollbrokat). Verschiedene Arten der Auszier und des Rückenschößerls werden bildlich gezeigt.

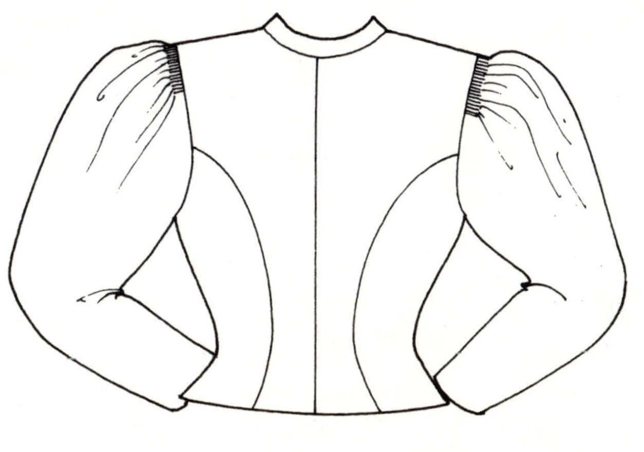

c) Der Spenser ist immer taillenkurz und meist tiefer ausgeschnitten — rund oder auch eckig — als die Joppe. Als Material wird Loden, Tuch, Baumwollsamt oder Seidenbrokat verwendet. Er hat Haftelverschluß und wird auf verschiedene Weise verziert: Mit gefältelten oder gezogenen Rüschen, mit Samtbesatz, Borten, wozu sich beim seidenen Spenser (zur Festtracht) oft auch sparsame Perlenzier, in der Spenserfarbe, gesellt.

In den Ausschnitt wird immer ein seidenes Trachtentuch, farblich kontrastierend zum Spenser, eingesteckt. Es darf niemals über den Ausschnitt fallen und Rüsche oder Samtbesatz abdecken.

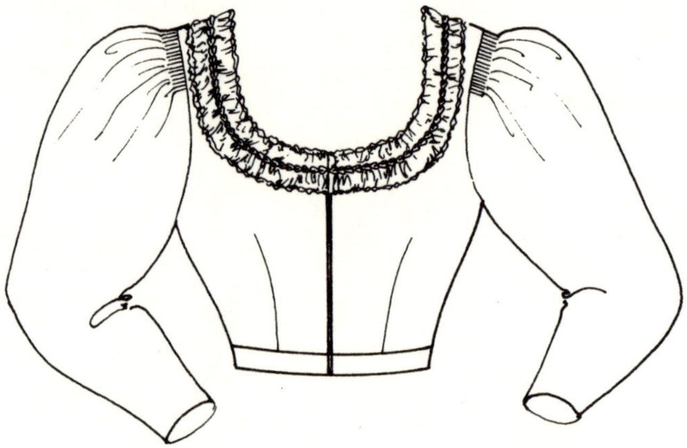

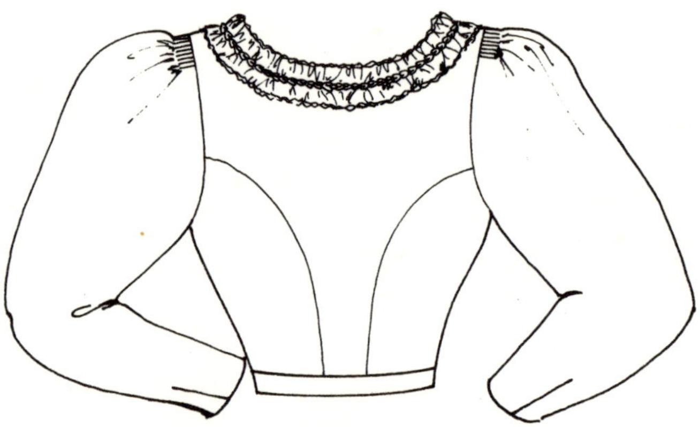

d) „Pelzl" nannte man das im 19. Jahrhundert weitverbreitete Frauenjäckchen („Ärmelröckl") mit Pelzfutter und Pelzbesatz. Heute kann es in seiner erneuerten Form aus Tuch, feinem Loden, Kammgarn oder Samt —immer in dunklen Farben, wie braun, grün, schwarz —geschneidert werden. Warm gefüttert, mit Pelzbesatz (Bisam, Rotfuchs oder Nerzschleifchen), vom Kürschner gemacht, an Ausschnitt, Haftelverschluß und Saum des angesetzten Schößlteiles machen dieses Jäckchen zu einer kostbaren Ergänzung der Festtracht.

e) Das Umhangtuch, gehäkelt aus schwarzer, silbergrauer, brauner, allenfalls auch hellbrauner oder weinroter Wolle, ist aus der Tracht als wärmende Hülle über Bürgerkleid oder Brautgewand nicht mehr wegzudenken. Das quadratische, zum Dreieck gefaltete Tuch mit schönem Durchbruchmuster und Fransenabschluß ist eine überlieferte Bürgerinnenkleidung. Es sollte jedoch zur Tracht nicht weiß, rosa, himmelblau oder metallglänzend (durch Lurexfäden) sein.

f) Der Wetterfleck, ursprünglich ein Regenschutz, der — da aus einem Stück — über den Kopf zu ziehen war, ist üblicherweise aus grauem Strichloden mit grünem Besatz bzw. Kragen. In der kühlen Jahreszeit ist er — besonders in Gebirgsgegenden — auch als Ergänzung zur Frauentracht (Alltagstracht, Steirerkostüm) zu tragen. Meist ist er jedoch zum Umhang, d. h. zum Cape,

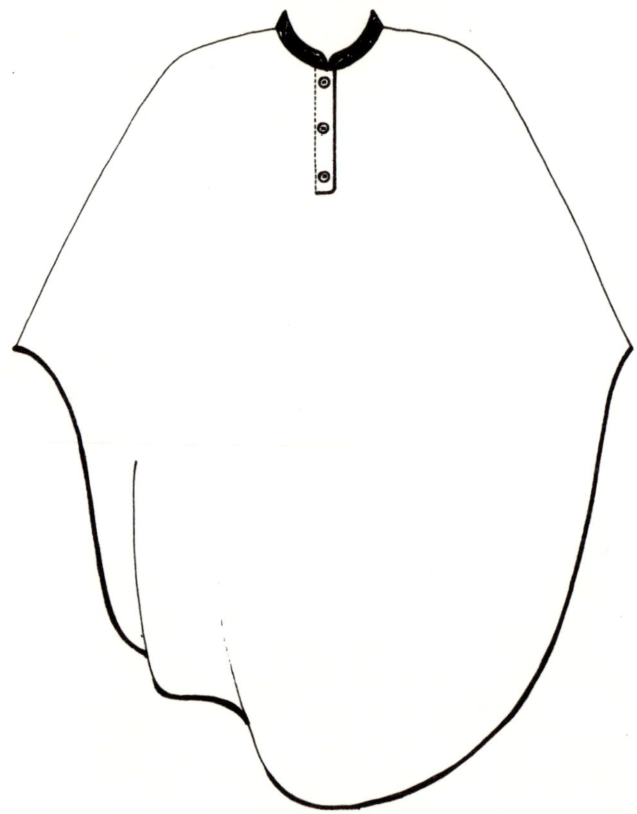

geworden, vorne aufgeschnitten und mit Knopfverschluß (Hirschhornknöpfe) versehen. Anstelle der jägermäßigen grau-grünen Farbstellung ist ein solcher Umhang aus grünem, braunem oder schwarzem Loden oder Tuch mit Hirschhorn- oder Rinderhornknöpfen bzw. schwarzen Büffelhornknöpfen auch zur Sonntagstracht denkbar.

g) Der Trachtenmantel ist wegen der heutzutage leichteren Frauentracht — vor allem der Kittel — notwendig geworden. Durch Verlängerung des männlichen Steirerrockes und durch Erneuerung historischer steirischer Männermäntel entstanden verantwortbare Formen. Zunächst in Grau mit grünen Besätzen in Anlehnung an Ausseer Röcklformen oder in Vereinfachung eines „eingebandelten Schößlrockes“, jedoch einreihig. Olivgrüne oder braune Mantelformen mit braunem Samtkragen — und allenfalls „Kutscherkragen“ — schließen an alte bürgerliche Männermäntel an. Als Knöpfe werden solche aus Hirschhorn, Horn oder Steinnuß empfohlen.

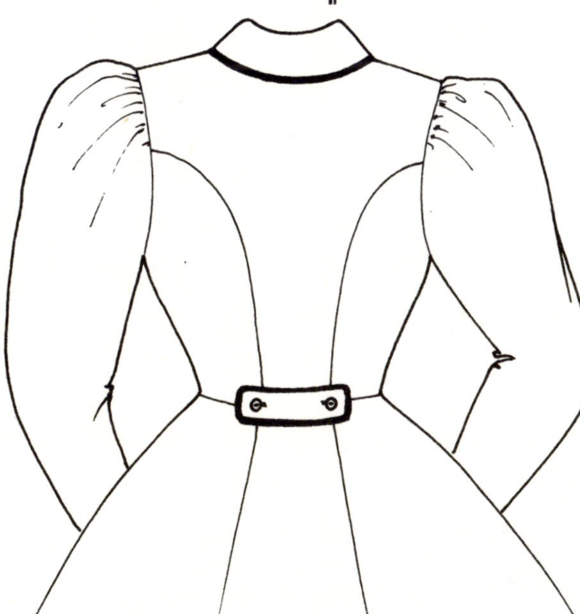

10. Das **Winterdirndl** aus Wollstoff, aber auch aus gutem Barchent, ist aus der Joppe mit angenähtem Kittel entstanden. Diesem entsprechend, kann es auch — vor allem das aus gutem Wollstoff — Borten- und Samtverzierung erhalten.

11. Das **Bürgerkleid,** meist aus Seidenbrokat, seltener aus feinem Wollstoff, ist aus der Vereinigung von Spenser und Kittel entstanden. Daher sind Ausschnitt (rund oder eckig) und Auszier (Rüsche, gelegte oder gezogene Fältchen, Perlverzierung) verschieden gestaltet. Der Ausschnitt sollte nicht zu tief sein und durch ein kontrastierendes, zartfarbiges Seidentuch abgedeckt werden.

12. Das **Steirerkostüm,** dessen Jacke zuerst im Ausseerland, dann im Ennstal dem Männerrock nachgeschneidert und durch den Frauenrock, die „Schoß“, ergänzt wurde, kann grundsätzlich fast jedem graugrünen Steirerrock nachgestaltet werden. Dabei wird man die taillierten, nicht allzu langen Rockformen vorziehen, „jägerische“ Achselspangen und Brusttaschen

weglassen und selbstverständlich dèn Verschluß nach der anderen Seite hin anbringen. Hirschhornknöpfe, Horn- und Steinnußknöpfe, auch grüne, gepreßte Stoffknöpfe werden zum Schließen verwendet. Metallknöpfe sind nicht steirisch. In Anlehnung an erneuerte Männerröcke wurden jedoch auch grüne und braune steirische Trachtenkostüme, einreihig und mit schwarzen oder braunen Knöpfen, entwickelt, die von den Trägerinnen gerne „angenommen" wurden. („Reiner", „Rosenkogler", „Vorauer", „Grazer Kostüm" u. a.)

13. Die **Kopfbedeckungen** gehören zur letzten Vervollständigung einer Tracht. Dem jeweiligen Gewand entsprechend, gibt es verschiedene Arten.

a) Das Kopftuch mit Kinnbindung, das in der Ost- und Südsteiermark in hellen Farben (perlgrau bis goldgelb) überliefert ist, kann in diesen Landschaften zur Alltagstracht oder Überkleidung sehr wohl als trachtenecht gelten, wenn Webart oder Aufdruck (auch Handdruck auf Baumwolle oder Seide) stilgetreu gewählt werden. — Im Ausseerland — wie auch im Ennstal — ist das große, schwarzseidene Kopftuch, mit seiner kunstvollen, zweizipfigen Nackenbindung, daheim, dessen gänzlicher Verlust beklagenswert wäre. Es wurde übrigens einst auch unter dem weißen Filzhut, dem „Salzstockzylinder", getragen.

b) Das Häubchen, „Bodenhäuberl" genannt, gehört zur Mädchentracht. Aus schwarzer, abgesteppter Taftseide nach alter Art, neuerdings auch aus schwarzem Samt, ist es in der Form des „Rotkäppchenhäubchens", jedoch ohne Kinnband, gestaltet. Der länglich-halbkreisförmige „Boden" am Hinterhaupt ist mit Stickerei aus Goldfaden und Goldflitter („Flinseln") geziert. Darunter sind zwei lange, breite Seidenbänder zur Masche gebunden.

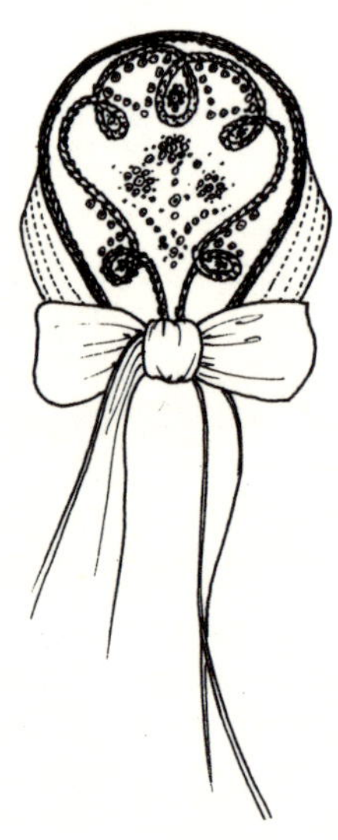

c) Die Frauenhaube steht der Trägerin erst zu, wenn sie „unter die Haube gekommen", also verheiratet ist. Das Häubchen ist ihr — nach alter Kleidersitte — nur mehr als Unterlage für einen breitkrempigen Hut gestattet. Eine Übergangsform ist die „Blendenhaube" (ehemals auch „Gimpenhaube", d. i. Bortenhaube, genannt). Dabei ist an das schwarzseidene oder schwarzsamtene Bodenhäubchen ringsum eine — meist schwarze und mit Modistendraht versteifte — Tüllspitze angenäht, die das Gesicht reizvoll umrahmt. Der „Boden" am Hinterhaupt ist höher und schmäler als beim Häubchen und mit Goldstickerei (samt echtem Goldflitter) versehen. Ein breites, schwarzes Seidenband ist über die Haube gelegt und endet hinten in einer Masche. Besonders lieblich ist diese Haube aus Seidenbrokat mit Goldspitze und pastellfarbenem Band nach alten Vorbildern.

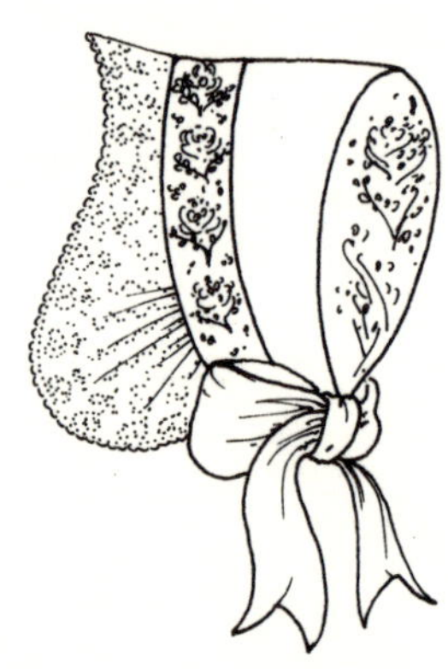

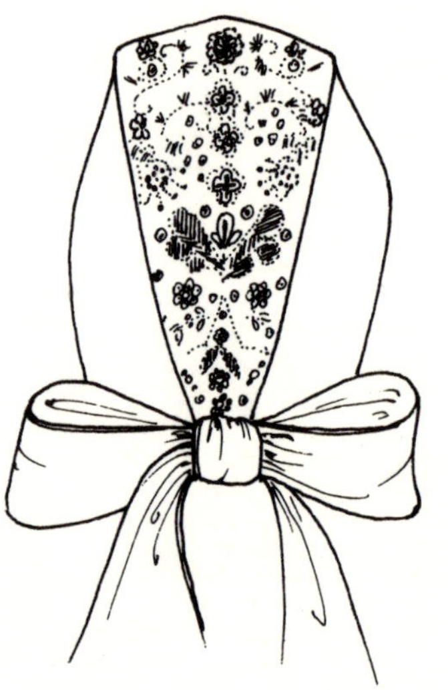

d) Die „Goldspitzhaube", so benannt nach den verwendeten Goldspitzen, ist eine richtige Frauenhaube und eher schmal als hoch. Der Rückenteil ist hornartig aufstehend, weshalb sie auch als „Hornputzhaube" bezeichnet wird. Im Volk wird sie seit langem auch „Drahtlhaube" (fälschlich „Traudlhaube") genannt wegen ihrer innerlichen Drahtversteifung. Sie wird meist aus schwarzem Taft oder Samt hergestellt, wobei der über den Scheitelteil aufragende, gefältelte Rückenteil und die abgerundeten Ohrlappen mit Goldflitterstickerei (mit „Flinserln") versehen sind, die Haube oft mit Goldspitze umsäumt ist. Besonders schön ist diese Haube aus dunkelfarbigem Seidenbrokat — der Festtracht angepaßt — mit schwarzem Band und schwarzem Spitzenrand.

e) Die „Linzer Goldhaube" und die „Grazer Goldhaube" sind — ebenso wie die „Marburger Goldhaube" früherer Zeiten — aus Goldstoff mit reicher Goldflitterstickerei gearbeitet. Da der Flitter, die „Flinserln", aus echtem Material (vergoldeten Silberplättchen, bestem Goldfaden) bestehen, waren und sind diese Hauben äußerst kostbar. Sie wurden auch nur von besonders wohlhabenden Frauen im Land (z. B. bürgerlichen und adeligen Hammerfrauen, reichen Wirtinnen oder Bäckermeisterinnen) getragen. Auch heute passen sie nur zu Festtrachten aus reiner Seide. Die „Linzer Haube" unterscheidet sich von der „Grazer" und „Marburger Haube" durch das schiffartige Ausragen der Flügelteile nach hinten. Die „Grazer" und „Marburger Hauben" waren gedrungener (senkrechter), der „Knauf" etwas größer, die Flügel viel kleiner. Beide haben eine maschenartig versteifte Tüllspitze in Schwarz.

f) Der Strohhut zur Alltagstracht wird wieder beliebt. Er kann ungefüttert, mit roter oder grüner Schnur dem „Schattendach" der Schnitterinnen oder dem „Heigerhuat" der Heuarbeiterinnen in Aussee nachgemacht werden oder rot gefüttert und mit schwarzem Band —anstelle der einstmals schwarzen Krempe — an den noch bis in die dreißiger Jahre beliebten „Semriacher Körblhut" angelehnt und zur oststeirischen Alltagstracht getragen werden. Der einst flache, breitkrempige „Sulmtaler" oder „Sulmer-Hut" kann in erneuerter Form mit grüner, rosa oder blauer Seidenfütterung und zwei gefältelten Kokarden, dem Rest der ehemaligen Bänderzier, versehen werden. Er ist dann als Ergänzung der west-und mittelsteirischen Sommertrachten gedacht.

g) Der Filzhut erscheint in schöner, fraulicher Form als „Murbodner Reindlhut". Er wird aus schwarzem Filz (früher aus Hasenhaar) oder Velour hergestellt, mit niederem Gupf und ringsum aufgebogener Krempe. Das schwarzseidene Band wird hinten zu einer kleinen Masche — mit Schnalle — geformt. Wichtig ist, ihn in die Stirn gerückt und gerade (nicht schief) aufzusetzen. Der „Steirerhut" aus schwarzem Filz oder auch Velour mit grünem Band paßt zu Steirerkostüm und grau-grünem Trachtenmantel. Der weiche Schwung der leicht aufgebogenen Krempe macht ihn zu einer weiblichen Kopfbedeckung.

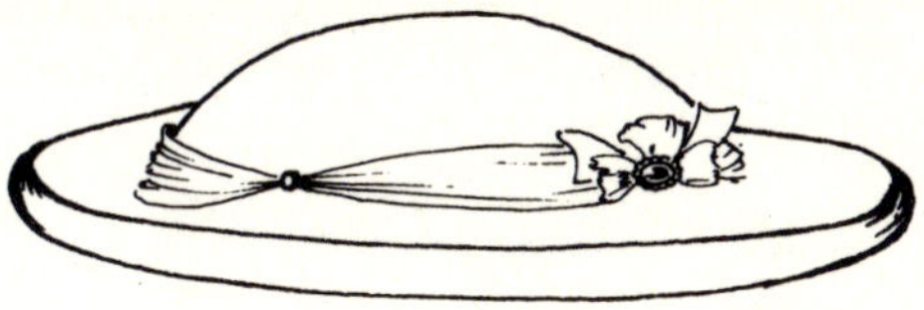

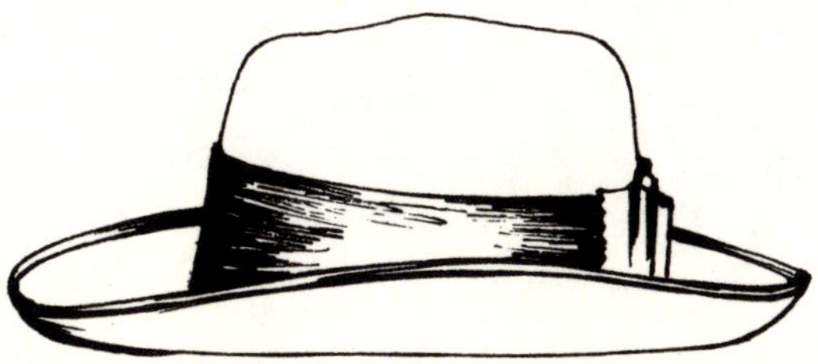

h) Eine Frauenpelzhaube nach Ausseer Muster, dort „Edelhaubn" oder „Pramhaubn" genannt, aus braunem Otter-, Iltis- oder Nutriafell, kann als Erneuerung zur Wintertracht mit „Pelzl" (pelzbesetztem Spenser) oder Mantel vorgeschlagen werden. Der Scheitelteil, „Boden" genannt, wäre dabei allenfalls aus Samt oder Filz, die aufgeschlagene Umrandung aus dem Pelz (Kürschnerarbeit).

14. Der **Trachtenschmuck** steht heutzutage in hohem Kurs. Das bevorzugte Material ist dabei Silber, jedoch ist auch Silberschmuck mit teilweiser Vergoldung überliefert. Festtrachten können durch Goldschmuck — Erbstücke oder neue Werke stilvoller Goldschmiedekunst — eine Erhöhung erfahren. Die der Befestigung des Seidentuches dienende, meist silberne Trachtennadel bzw. Trachtenbrosche soll stilisierte Ornamente (Blättchen, Blüten, Lebensbaum) aufweisen. Ebenso die Halsketten und dazugehörigen

Armbänder, Ringe und Ohrringe, die durch Granaten und Amethyste aufgewertet werden können. Auch mehrreihige Granat- oder Perlmutterketten mit kunstvoller, meist goldener Schließe sind als Trachtenschmuck steirischer Markt- und Stadtbewohnerinnen des 18. und 19. Jahrhunderts überliefert und auch dem Stil der zeitgemäßen festlichen Tracht gemäß.

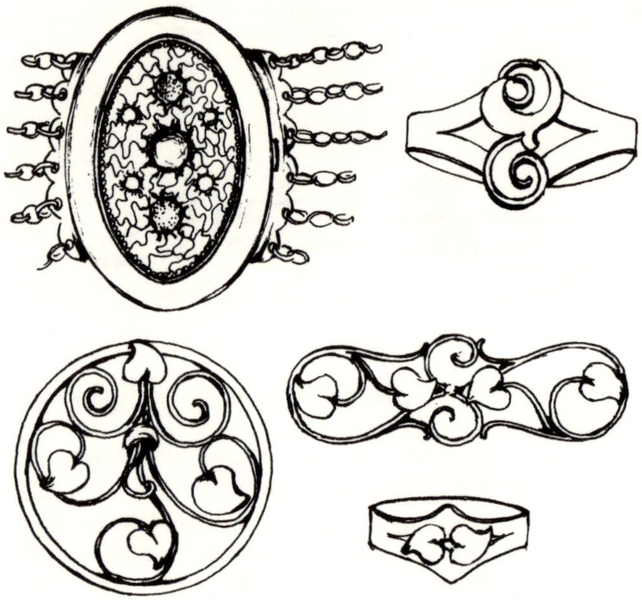

15. Das **Trachtentäschchen** ist meist ein Beutel aus dem Stoff des festlichen Trachtengewandes, aus schwarzem Samt oder schwarzem Sämischleder. Er kann aber — besonders zur Alltagstracht — auch aus gröberem Leinen mit roter Kreuzstichstickerei gearbeitet werden. Schwarze Sämischledertaschen mit Glattlederdekor und Schnalle eignen sich gut zu Kostüm und winterlicher Tracht. Im Sommer sind Stroh- oder Weidenkörbchen, rund, aber auch eckig wie die alten „Strohzögger", zur Tracht passend.

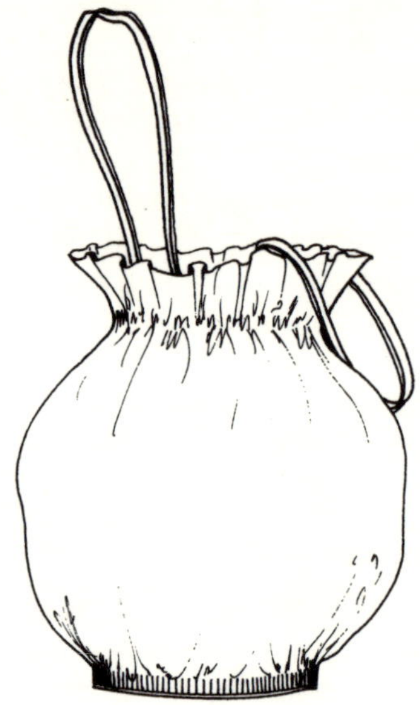

B. Die Frauentrachten nach Landschaften gegliedert

Die Steiermark ist hinsichtlich ihrer Frauentrachten auch in unserer Zeit noch in Trachtenlandschaften zu gliedern. Sind deren Grenzen auch nicht überall scharf ausgeprägt, so gehört die räumliche Eigenständigkeit — wie bei allen Äußerungen der Volkskultur, etwa der Hausform oder der Volksmusik — zu den Wesenszügen der Volkstracht. Rechte Trachtenpflege drückt die Bindung der Trägerin an „ihre" Tracht aus, daher wird die bewußte Trachtenpflegerin in erster Linie die Trachten ihrer engeren Heimat bevorzugen und erst in zweiter Linie (wenn Form oder Farbe der persönlichen Eigenart widersprechen sollten) unter den im ganzen Land gültigen Formen wählen. Das heißt, daß beispielsweise die Murauerin ihre Tracht nicht im Wechselgau, die Weststeirerin die ihre nicht im Ennstal und die Radkersburgerin ihre Tracht nicht im Mürztal suchen sollte. Dank Wiederbelebung und Erneuerung ist die Auswahl in jedem Landesteil unserer Heimat —großräumig gesehen — reich genug. So wie es in unserer Zeit kaum mehr eine Unterscheidung der Trachten von Stadt und Land gibt, entstehen zwar Varianten, aber keine Orts- oder gar Dorftrachten. Die üblich gewordenen Ortsnamen beziehen sich immer auf ein Zentrum für größere Räume (Bezirk, Dekanat, Talschaft usw.). Zuweilen weisen sie auch auf den Ort der Auffindung eines Originalstückes, der Wiederbelebung oder der ersten Trägerinnen einer erneuerten Form hin; die Gültigkeit ist jedoch weiträumiger.

Für alle Frauen- und Mädchentrachten gilt der Grundsatz sorgfältiger Herstellung, guten Materials, geschmackvoller Farbenauswahl, stilvollen Zubehörs und für die Trägerin der Sinn für natürliche Gepflegtheit und eine geordnete „Haartracht". Durch die innere Beziehung der Trägerin zu ihrer heimatlichen Kleidung wird diese erst zur **richtigen** Tracht.

Zum besseren Verständnis der nachfolgend aufgezeigten Landschaftstrachten und zu ihrer stilvollen Einfügung in ein trachtliches Gesamtbild wird empfohlen, den Abschnitt **„Die steirische Frauen- und Mädchentracht"** zu beachten, in welchem Grundformen und trachtliches Zubehör beschrieben werden (siehe auch die **„Richtlinien für die steirische Frauentracht"** im Anschluß an die Beschreibungen).

Wenn bei erneuerten Trachten Zeitpunkt der Erneuerung und Namen fehlen, so stammt die Erstausführung aus der Schneiderei des Steirischen Heimatwerkes, der Erneuerungsentwurf (1973 —1982) von der Verfasserin.

1. Steirisches Salzkammergut, Ausseerland

Tafel 3, Abb. 1

Aussee, Alltagstracht

Für dieses im ganzen Land bekannte und beliebte **„Ausseer Dirndl"** ist der von den Ausseerinnen entwickelte Farbendreiklang Grün-Rot-Violett typisch. Der Kittel war früher eher kariert als geblümt, die Schürze meist lila gemustert. Ihr Violett geht auf die Sennerinnen zurück, die ihre weißen Leinenschürzen mit einer „Schwarzbeersuppe" violett färbten. Dieser Farbton wurde erst in unserem Jahrhundert von den Färbern aufgegriffen und anstelle des gewohnten Blau und neben diesem verwendet. — Das Leibchen ist im „Grundschnitt" gearbeitet.

Material:	Waschstoff (Leinen, Druckstoff, Baumwollwebe)
Farbe des Leibchens:	Dunkelgrün bis mittelgrün
Farbe des Kittels:	Altrosa bis hellrosa oder rot, weiß gemustert oder kariert
Farbe der Schürze:	Lila-weiß gestreift oder geblümt (Kontrastmuster zu Kittel), früher auch blau üblich
Länge:	Wadenlang
Verschluß:	Perlmutterknöpfe, grün getönt
Auszier:	Ergänzung durch seidenes Tratentuch möglich; in Altaussee schwarzer Kittelsaum überliefert

Tafel 3, Abb. 2

Karierter Leibkittel

Dieser mit **„Grundlseer Dirndl"** bezeichnete Leibkittel ist in ganz Aussee beheimatet. Sein Karomuster unterscheidet ihn nicht von den im Ennstal und in der mittleren Steiermark beheimateten Formen. Allerdings ist der Rücken nicht wie bei diesen mit Bogennähten, sondern mit einer Mittelnaht versehen, der Vorderteil jedoch ebenfalls im Grundschnitt gearbeitet. Die preiswerten Bettuchweben in hellen Farben werden nur mehr selten verwendet.

Material:	Waschstoff (Baumwolle, „Bettuchwebe")
Farbe des ganzen Leibkittels:	Blau-weiß oder rot-weiß kariert; auch braunes oder grünes Karo; oder (seltener)
Farbe des Leibchens:	Blau-weiß oder rosa-weiß kariert
Farbe des Kittels:	Rosa-weiß geblümt bzw. in harmonischem Farbkontrast blau-weiß geblümt
Farbe der Schürze:	Mittel- bis dunkelblau oder schwarz
Verschluß:	Perlmutterknöpfe
Auszier:	Weiße oder farbige Ziernaht im Rücken.

Tafel 1

Ausseer Sonntagsgewand

Im ganzen Ausseerland — und darüber hinaus — hat diese schöne festliche Tracht dank der sorgsamen Pflege durch kultivierte Menschen (Familie Meran, zu Hohenlohe-Schillingsfürst, Anna Mautner u. a.) ihre Heimstatt gefunden und ist zu einem Beispiel vornehmen Trachtenlebens geworden. Das Leibchen ist im Grundschnitt gearbeitet; das reinseidene Brusttuch weist in seiner Musterung (gewebt oder als Handdruck) meist ein Streifenmuster in Rottönen mit etwas Grün auf. Ein großes Fransentuch, das hinten, aber auch vorne über das Leibchen fällt bzw. (sorgfältig zusammengerafft) auf diesem (mit silberner Trachtennadel) befestigt wird, gehört im Ausseerland zur Tracht, zum „Gwand".

Material: Leibchen: Wollstoff, glatt; allenfalls Samt; Kittel: Wollstoff glatt oder in sich gemustert

Farbe des Leibchens: Dunkelgrün

Farbe des Kittels: Sattes Rot (Rost- bis Weinrot)

Farbe der Schürze: Schwarz, in sich gemustert oder glatt

Länge: Wadenlang

Verschluß: Echte Silberknöpfe, dunkle Perlmutterknöpfe oder schwarze "Talarknöpfe"

Ergänzung: Seidenes Trachtentuch und Tuch- oder Samtspenser; Kopfbedeckung: Schwarzes, großes Taftkopftuch („zweizipflig" gebunden)

Ausseer Spenser

Diese altüberlieferte Spenserart hat sich über das Ausseerland hinaus verbreitet. Der Ausseer Spenser ist meist eckig ausgeschnitten und immer schwarz, anderswo auch rund ausgeschnitten und in dunklen Farben gehalten.

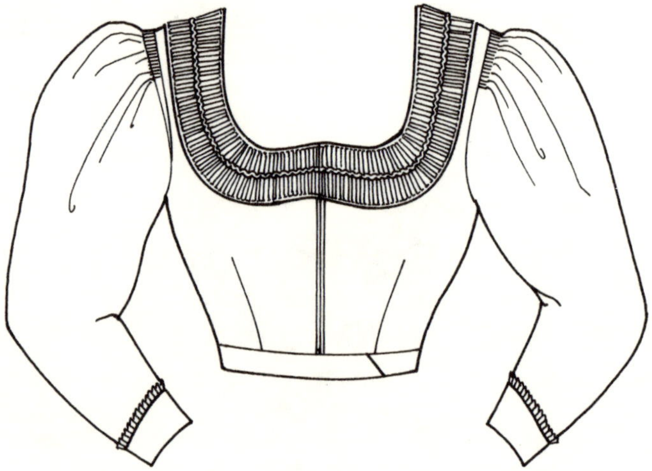

Material: Tuch, feiner Loden, Wollstoff, Kammgarn

Farbe: Schwarz (Ausseerland); dunkle Farben (Obersteiermark)

Länge: Bis zur Leibesmitte reichend

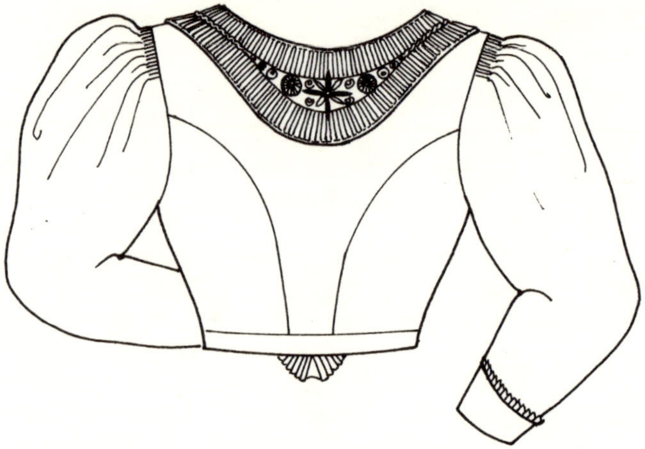

Verschluß: Hafteln

Auszier: Faltenrüsche, allenfalls aus Samt, und Borten- bzw. Perlenzier (schwarz). In den Ausschnitt ringsum eingestecktes Tuch, rotschattiert bzw. in Kontrastfarbe zum Spenser.

Tafel 3, Abb. 4

Ausseer Frauenmantel

Der durch Verlängerung des Ausseer Frauenröckls entstandene Mantel wurde erstmals ca. 1953 im Hause Jost, Graz, entwickelt.

Material: Guter Loden

Farbe des Mantels: Grau, mit grünen Besätzen

Länge: Wadenlang

Verschluß: Hirschhornknöpfe, doppelreihig (drei Knopfpaare)

Auszier: Stehkragen, Reverse, Ärmel-, Taschen-, und Rückenbesätze aus dunkelgrünem Tuch, Taschenschlitze allenfalls rot unterlegt, Knöpfe auf Revers, Ärmeln und Rückenleiste

Kopfbedeckung: Grüner Schnurhut aus Filz oder Velour oder Frauen-Ausseerhut, schwarz mit grünem Band

Ausseer Frauenröckl

Diese aus dem Ausseer Männerrock abgeleitete Form wird im Ausseerland und im Ennstal über dem Leibkittel (mit Schürze) oder mit einer gleichfarbigen Schoß getragen.

Material:	Loden oder Kammgarn, Besatztuch
Farbe:	Mittelgrau; seltener braungrau; grüne Besätze
Länge:	Mit Schößl unter die Taille reichend
Verschluß:	Doppelreihig, drei Paar Knöpfe aus Hirschhorn
Auszier:	Stepparbeit auf Ausschlägen und Taschenbesätzen, allenfalls eingesticktes „Gamserl auf Vorpaß“ am Rücken und rot unterlegte Eingriffstaschen. Hirschhorn-Zierknöpfe auf Revers und Ärmeln

1 Mariazell - Sonntags- und Festtracht

2 Lamingtal-Tragöß - Festtracht

3 Aflenz-Turnau - Bürgerinnentracht

4 Johanniterrock

2. Ennstal, Niedere Tauern, Paltental

Alltagstracht

Sehr beliebt sind im Steirischen Ennstal — wie auch in anderen Landschaften unseres Landes — karierte Stoffe (ehemals „gehäuselt" genannt) für den ganzen Leibkittel (so zum Beispiel ehemals bei den Schülerinnen der Landwirtschaftsschule „Am Grabnerhof" bei Admont) oder für das Leibchen allein zu geblümtem Kittel. Manchmal spielt auch die Ausseer Vorliebe für violett-weiße (gestreifte) Schürzen herein. Zunächst die Form mit Grundschnitt-Leibchen für das sogenannte „Schladminger Dirndl".

Material:	Waschstoff Leibl: Baumwolle gewebt Kittel: Baumwolle bedruckt
Farbe des Leibchens:	Blau-rot kariert oder blau-rot-weiß kariert, auch violett-weiß kariert oder rot-blau gemustert
Farbe des Kittels:	Dunkler Blaudruck, zu violett auch grün-weiß geblümt; zu rot-blau gemustert blau-weiß getupft (Farb- und Formkontrast)
Farbe der Schürze:	Violett-weiß oder lila-weiß gestreift, auch glatt schwarz oder blau
Länge:	Wadenlang
Verschluß:	Weiße Perlmutterknöpfe

Alltagstracht mit gezogenem Leibchen

Diese als **„Admonter Dirndl"** bezeichnete Form mit gezogenem Brustteil und Vorderteilverschluß (durch Knöpfe) findet sich in Abarten außer im Ennstal auch im oberen Murgebiet und in der Weststeiermark. Nur die Musterung ist jeweils verschieden. Im Ennstal ist das Leibchen vielfach kariert, aber auch geblumt, wie dies ein von Frau Erna Haiding in der Sölk aufgezeichnetes „Leibl" oder „Miader" beweist. Der schon seit jeher angenähte Kittel steht in Farb- und Musterkontrast dazu.

Material:	Waschstoff Leibl: Baumwolle gewebt (bei Karomuster) Kittel: Baumwolle bedruckt
Farbe des Leibchens:	Rot-blau kariert oder rot-blau-weiß kariert
Farbe des Kittels:	Blaudruck, auch blau-weiß getupft, oder Schwarzdruck
Farbe der Schürze:	Blau oder schwarz
Verschluß:	Perlmutterknöpfe
Variante:	Leib: Geblümt, z. B. rot-blau Kittel: Blaudruck im Streifen- oder Tupfenmuster

Oberes Ennstal, Sonntagstracht

Erneuerte Form, die in Anlehnung an festliche Ennstaler Leibkittel und Spenser entwickelt wurde.

Material:	Leibkittel aus Wollbrokat oder glattem Wollstoff; oder Seidenbrokat und Wollstoff
Farbe des ganzen Leibkittels:	Dunkelrot, braun, grün, auch blau in nicht zu hellen Tönen
oder Seidenleib:	Rot, braun, grün, auch blau in dunklen Farbtönen
dazu Wollkittel:	Im Farbkontrast; zu rot auch schwarz

Farbe der Schürze:	Blau, lila, schwarz bis grau
Länge:	Wadenlang
Verschluß:	Hafteln
Auszier:	Samtblende um Ausschnitt und beiderseits der Verschlußkanten mit Posamenterieabschluß
Ergänzung:	Ein farblich kontrastierendes (blau zu rot usw.) Trachtentuch (Seide) muß ringsum (auch hinten) in den Ausschnitt eingesteckt werden
Überkleidung:	Rüschenspenser oder Joppe mit Samtblende
Kopfbedeckung:	„Drahtlhaube", Blendenhaube; oder (zur Joppe) schwarzer Filz-Reindlhut bzw. schwarzes Taftkopftuch („zweizipflig" gebunden)

Tafel 5 , Abb. 1

Oberes Ennstal, Festtracht

Erneuerte, gegenüber der Sonntagstracht des oberen Ennstales verfeinerte Form, über Wunsch der Frauen der Ramsau als **„Ramsauer Festtracht"** gestaltet. Als Vorbild dienten Originalstücke und alte Fotoaufnahmen von Ramsauer Bürgersfrauen. Die Farbgebung in der zumeist evangelischen Ramsau ist dunkel gehalten. (Ausnahme: Brautgewand).

Material:	Seidenbrokat oder Seidenbrokat und Wollstoff
Farbe des ganzen Leibkittels:	Violett, dunkelbraun, schwarzgrundig; auch dunkelblau oder dunkelgrün; als Brautkleid auch heller
oder Seidenleib:	Dunkle Farbtöne
dazu Wollstoffkittel:	Schwarz oder dunkle Farbtöne im Kontrast oder Ton in Ton
Farbe der Schürze:	Schwarz, violett, lila, dunkelblau, auch grau oder dunkelbraun
Länge:	Leibkittel aus Seide: Knöchel- oder wadenlang Zusammengesetzte Form: Wadenlang
Verschluß:	Hafteln
Auszier:	Breite Samtblende um den Ausschnitt, verschmälert längs der Verschlußkanten, Vorstoß aus Leibchenstoff, Posamenterieborte
Ergänzung:	Ein aufhellendes Tuch in Kontrastfarbe wäre ringsum in den Ausschnitt einzustecken (nicht lila zu violett oder braun zu braun)
Übergewand:	Schwarzer oder in der Farbe des Kittels gehaltener Spenser; auch Joppe; dazu Boden- oder Drahtlhaube; auch Linzer Goldhaube (zu Seidenspenser)

Tafel 5, Abb. 2; Tafel 6, rechts

Niedere Tauern, Sonntagstracht

Diese schon um 1935 vom Steirischen Heimatwerk aufgegriffene, lebendige Bäuerinnengewandung mit Vorderteil-Passe, beheimatet von Schladming, Gröbming über Irdning und Trieben bis Frauendorf bei Unzmarkt, erfreut sich indessen als **„Tauerndirndl"** weitum im Land großer Beliebtheit.

Material:	Glatter Wollstoff, Wollbrokat, Handwebe, Seide für die Schürze
Farbe des ganzen Gewandes:	Alle satten oder dunklen Farben
oder Wollstoffleib:	Dunklere Farbtöne (ungemustert)
Dazu Wollstoffkittel:	In Kontrastfarbe zum Leibchen (in sich gemustert)
Farbe der Schürze:	Blau, schwarz, grau, auch braun oder violett (meist gestreift)
Länge:	Wadenlang
Verschluß:	Hafteln
Hemd (Bluse):	Weißes Leinen (allenfalls naturfarben), weiße Baumwolle, hochgeschlossen, Stehkragen, Lang- oder Dreiviertelärmel
Festliche Ergänzung:	Seidentuch in Kontrastfarbe zum Leibchen, mit oder ohne geknüpfte Fransen, mit echter Silberbrosche auf dem Leibchen festgesteckt
Überkleidung:	Hochgeschlossene Joppe und schwarzer „Reindlhut"

Ennstal, „Stoder-Dirndl"

Dieses Gewand aus Ennstaler Handwebe wird nach dem Grundschnitt hergestellt, hat einen einfarbigen Leib zum gestreiften Kittel und ist schon wegen seines edlen Materials, das durch ein über dem Leibchen befestigtes Tuch noch an Festlichkeit gewinnen kann, besonders nobel. Alle Angaben des vorstehenden Tauerngewandes treffen auch für diese Grundform zu.

Obersteiermark, „Winterdirndl"

Die Vorbilder für dieses **„Winterdirndl"** fanden sich in der ganzen Obersteiermark; aufgegriffen wurden sie 1958 durch Sylvia Dollinger. Das Gewand entstand durch Aneinanderfügen von Joppe und Kittel. Es wird im „Grundschnitt" gearbeitet.

Material:	Wollstoff, Wollbrokat, auch guter Barchent
Farbe des Ärmelgewandes:	Alle dunklen und satten Farben, in sich gemustert oder glatt; Barchent auch gemustert oder kariert
Farbe der Schürze:	Blau, schwarz, grau, auch braun oder violett, meist in sich gestreift
Länge:	Wadenlang
Verschluß:	Hafteln, Knöpfe (bei schmalem Samtstreifen in Abstand von Verschlußkante) möglich
Auszier:	Samtblenden (auf Wollbrokat), allenfalls Posamenterieborte

Obersteirische Joppe

Ennstaler „Winterdirndl“

Die Gestaltung dieses **„Winterdirndls“** erfolgte nach Vorbildern im Landschaftsmuseum Schloß Trautenfels aus der Admonter Floigmayr-Sammlung. Es unterscheidet sich von der vorausgehenden Form nur durch Stehkragen und bogenförmigen Samtbesatz.

Material:	Wollbrokat, Handwebe
Farbe des Ärmelgewandes:	Alle dunklen und satten Farben
Farbe der Schürze:	Schwarz, blau, violett; auch braun und grau; nicht zu helle Farbtöne
Länge:	Wadenlang
Verschluß:	Hafteln

Auszier:	Samtstreifen (Ton in Ton dunkel oder schwarz), allenfalls Posamenterieborte. Ein Seidentuch ist hier überflüssig und störend.

Paltental, Fest- und Sonntagstracht

Weitverbreitete obersteirische Leibkittelkleidung nach alten Mustern, im „Grundschnitt“ zu arbeiten.

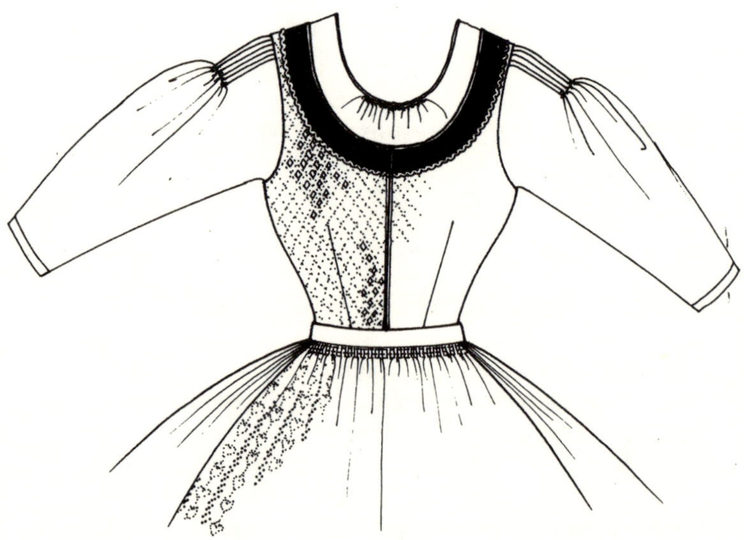

Material:	Seidenbrokat, Wollstoff
Farbe des ganzen Leibkittels:	Rot, dunkelblau oder braun
oder Seidenleib:	Rot, dunkelblau oder braun
dazu Wollkittel:	In harmonischem Farbkontrast dunkelblau, dunkle Rottöne, dunkelgrün, auch schwarz
Farbe der Schürze:	Schwarz, blau, silbergrau
Länge:	Leibkittel aus Seide: Waden- bis knöchellang, Leibkittel aus Seide und Wollstoff oder ganz aus Wollstoff: Wadenlang
Verschluß:	Hafteln

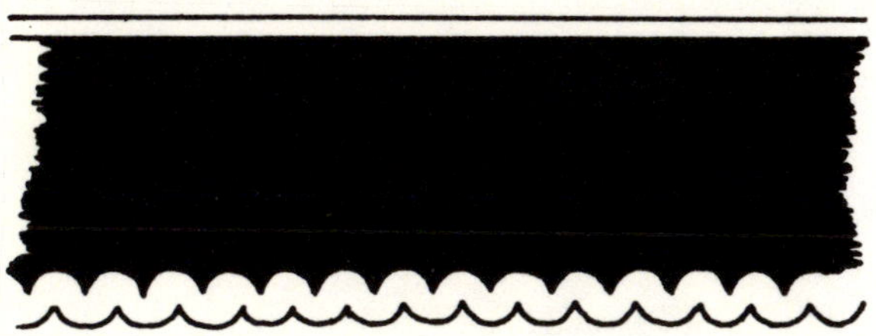

Auszier:	Samtblende mit Rüschenabschluß bei Seide, Samtblende mit Posamenterieabschluß bei Wolle, vorne und hinten in den Ausschnitt eingestecktes fransenloses Seidentuch in Kontrastfarbe zum Leibchen
Überkleidung:	Joppe in der Form der Ennstaler „Winterdirndln", Boden- oder Drahtlhaube bzw. „Reindlhut" mit höherem Gupf oder schwarzes Taftkopftuch („einzipflig" gebunden)

Tafel 5, Abb. 3

Mittleres Ennstal, Fest- und Sonntagstracht

Diese über Wunsch von Admonter Frauen (u. a. Namen wie Gasteiner, Kuchar, Petrischek) anläßlich der Neunhundertjahrfeier (1974) des Benediktinerstiftes Admont erneuerte Tracht wird allgemein **„Admonter Festtracht"** genannt. Sie eröffnete den nicht enden wollenden Zug steirischer Trachtenerneuerung. Das Vorbild, Trachten aus der Admonter Floigmayr-Sammlung — jetzt im Landschaftsmuseum Schloß Trautenfels —, brauchte nur wenig zu einer zeitgemäßen Form umgestaltet zu werden (Ausschnitt, Bortenfarbabstimmung; Grundschnitt).

Material:	Seidenbrokat, Wollstoff
Farbe des ganzen Leibkittels:	Braun, grün, weinrot; auch violett oder blau
oder Seidenleib:	Grün, rot oder blau, auch schwarzgrundig
dazu Wollkittel:	In harmonischem Farbkontrast
Farbe der Schürze:	Blau, lila, schwarz
Länge:	Leibkittel aus Seide waden- bis knöchellang, Leibkittel aus Wollstoff und zusammengesetzte Form wadenlang
Verschluß:	Hafteln
Auszier:	Samtblende mit Rüschenabschluß bei Seide, Samtblende mit Posamenterieabschluß bei Wollstoff; allenfalls Seidentuch (ohne Fransen) vorne und hinten in den Ausschnitt eingesteckt: Kontrastfarbe zu Leibchen (grün- und rosagrundig zu braun und violett, blau zu rot und braun, rot und braun zu grün)
Überkleidung:	Spenser oder Joppe; Drahtlhaube und Bodenhäubchen zu Spenser; schwarzes Seidenkopftuch zu Joppe

Tafel 4

Sensenschmied-Festtracht

Dieses besonders festliche Gewand wurde in Anlehnung an die Festkleidung der Hammerfrauen um 1800 im Ausstrahlungsgebiet des steirischen Erzbergs, wie sie auf Gemälden — u. a. im Sensenschmiedeort Sankt Gallen im Ennstal — ersichtlich ist, gestaltet. Das Gewand ähnelt verständlicherweise oberösterreichischen Formen der Nachbarschaft, auch im Schnitt. Diese Tracht eignet sich auch sehr gut als Brautgewand mit Tüll- oder Mousselineschürze.

Material:	Seidenbrokat, Reinseide
Farbe des Kleides:	Gebrochene Farben, auch helle Farbtöne (rostbraun, apfelgrün, lavendelblau, violett u. a.)
Farbe der Schürze:	Blau, hellgrau, lila, hellbraun
Länge:	Knöchel- oder bodenlang
Verschluß:	Hafteln
Auszier:	Mehrteilige Rüsche aus dem Kleidstoff, Soutache-Schnur, Perlenzier; Perlenstickerei (Borte bzw. Bordüre) auf der Tüll- oder Mousselineschürze; Trachtenschmuck aus Edelmetall, „Kropfkette“ aus Metall, Perlmutter- oder Perlenreihen mit Schließe
Überkleidung:	Seidenspenser oder gehäkeltes Umhangtuch (s. den Abschnitt „Überkleidung“ und „Zubehör“)
Kopfbedeckung:	Brokat-Blendenhaube, Brautkrönchen oder Goldhaube

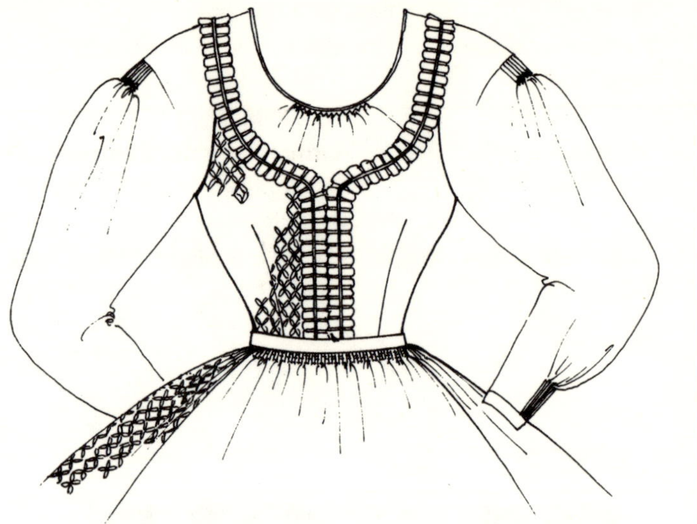

3. Oberes Murgebiet, Murboden, Obdacherland

Tafel 7, Abb. 1

Oberes Murtal, Alltagstracht

Im Bezirk Murau — und darüber hinaus — blieb die hochgeschlossene Leibchenform der Jahrhundertwende mit Stehbündchen und gezogenem Brustteil lebendig. Für den Alltag ist das „brennrote" Miederleibchen (nach Karl Stöffelmayr) verbindlich.

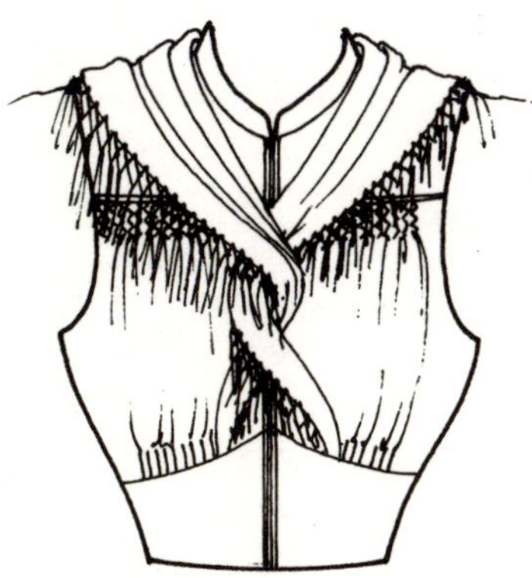

Material:	Waschstoff (Baumwolle, Druckstoff)
Farbe des Leibchens:	Leuchtend rot, schwarz oder weiß geblümt oder kariert („gehäuselt")
Farbe des Kittels:	Blau- oder Schwarzdruck, gestreifte Webe, Tupfenmuster, immer Kontrastmuster zum Leibchen
Farbe der Schürze:	Blau, schwarz, auch grau
Länge:	Wadenlang
Verschluß:	Kleine Knöpfe; auch Hafteln
Auszier:	Fältchen, Smok, allenfalls schwarzes Schrägbändchen am Vorderteil; roter Kittelbeleg („Kittelblech"), vorstoßend
Variante:	Mäßig ausgeschnitten, mit anderer Fältchenzier

Oberes Murtal, Fest- und Sonntagstracht

Diese überlieferte Form war bis in die dreißiger Jahre besonders im Gebiet um Murau lebendig. Die Wiederaufnahme 1958 verdanken wir dem Ehepaar Stöffelmayr. Die Tuchbefestigung (s. unten) ist auch um Frauendorf bei Unzmarkt bezeugt.

Material:	Wollstoff, Wollbrokat
Farbe des ganzen Leibkittels:	Alle satten oder dunklen Farbtöne
Farbe der Schürze:	Schwarz, blau, grau in dunklen Tönen, meist in sich gestreift
Länge:	Wadenlang
Verschluß:	Hafteln
Auszier:	Brustteil mit Fältchen und Smok; ein großes seidenes Trachtentuch wird, einmal verschlungen, durch die gegen die Mitte hin offene (doppelte) Passe gesteckt; am Halsbündchen allenfalls Schlingspitze oder weißer Vorstoß

Ergänzung:	Schwarze Joppe („Schlawanker“) und schwarzer, niederer Filzhut („Murbodner Reindl“); im Bezirk Murau wäre der auch dort beheimatete Bänderhut wieder zu beleben

Murboden, Alltagstracht

Aus der ursprünglich hochgeschlossenen Form des Miederleibchens entwickelte sich 1920/30 das „Murbodner Dirndl“ mit Halsausschnitt, das nach und nach im ganzen oberen Murtal — von Predlitz bis Leoben — angenommen wurde. Die Form ist — teilweise mit kariertem Leib — außer im Ennstal auch im Mürztal, im Glein-, Stub- und Koralmgebiet verbreitet.

Material:	Waschstoff (Baumwolle) bedruckt
Farbe des Leibchens:	Leuchtend rot, schwarz oder weiß geblümt
Farbe des Kittels:	Blau- oder Schwarzdruck, getupft oder gestreift
Farbe der Schürze:	Schwarz, blau
Länge:	Wadenlang
Verschluß:	Schwarze oder weiße Knöpfe
Auszier:	„Froschgöscherln“, Zick-Zack-Stepperei am Vorderteil, roter Kittelbeleg vorstoßend
Variante (auch im Ennstal):	Brustteil in Fältchen gelegt, diese teilweise festgesteppt (statt Magenpasse)
Überkleidung:	Joppe („Schlawanker“) und „Murbodner Reindl“ (schwarzer, niederer Filzhut)

Tafel 7, Abb. 2

Bezirk Judenburg, Bürgerinnentracht

Diese Sonntags- und Festtracht, die für das obere Murgebiet, besonders aber im Umkreis von Judenburg Geltung hat, wurde nach Originalstücken im Steirischen Volkskundemuseum und bildlichen Darstellungen, alle aus Judenburg um 1830, erneuert. Es handelt sich herkunftsmäßig — u. a. wegen ihrer überlieferten Goldbortenzier — um eine Bürgerinnentracht. Das Leibchen ist nach dem Grundschnitt zu arbeiten, der Rücken ist aber fünfteilig.

Material:	Seidenbrokat oder Seidenbrokat und Wollstoff
Farbe des ganzen Leibkittels:	Braun, schwarz, dunkelrot, grün
oder Seidenleib:	Braun, dunkelrot, blau oder grün
dazu Wollstoffkittel:	In harmonischem Farbkontrast oder Ton in Ton
Farbe der Schürze:	Schwarz, blau, grau, braun, violett, lila
Länge:	Leibkittel aus Seide knöchellang, zusammengesetzte Form wadenlang
Verschluß:	Hafteln
Auszier:	Posamenterieborte (auch Altgold- oder Altsilberborte) am Rücken je zwei Rundbögen
Überkleidung:	Spenser aus Leibchen- oder Kittelstoff
Kopfbedeckung:	Bodenhäubchen (nur für Mädchen); „Drahtlhaube“; zu Seidenspenser auch Goldhaube

Tafel 6, links

Obdacher Gegend, Sonntagstracht

Wie z. B. das „Tauerngewand" hat Viktor Geramb auch das **„Obdacher Gewand"** — das Sonntagsgewand einer Müllerstochter — durch sein Heimatwerk wiederbeleben lassen.

Material:	Wollstoff, Wollbrokat
Farbe des ganzen Gewandes:	Alle satten oder dunklen Farben
Farbe der Schürze:	Schwarz, meist in sich gestreift
Länge:	Wadenlang
Verschluß:	Schwarze Knöpfe („Talarknöpfe")
Auszier:	Smokarbeit (statt Passe), schwarzer Vorstoß an Hals- und Ärmelausschnitt und am Sattel; allenfalls zwei schwarze Streifen am Kittel
Ergänzung:	Kleines Trachtentuch in Kontrastfarbe, dunkle Joppe („Schlawanker") und schwarzer „Reindlhut".

Tafel 7, Abb. 3

Zeiringer Gegend, Spensergewand

Aus Oberzeiring stammt der maulbeerfarbene Taftspenser, der schon 1953 der Trachtenschneiderin Maria Taborschak als Vorlage für diese Wintertracht gedient hat. Ähnliche Formen fanden sich noch andernorts als winterliche Tuchspenser mit Samtkragen und -besatz.

Material:	Wollbrokat, Seidenbrokat
Farbe des Ärmelgewandes:	Alle satten oder dunklen Farben
Farbe der Schürze:	Blau, schwarz, auch dunkelbraun, glatt oder gestreift
Länge:	Wadenlang, Seidengewand auch knöchellang
Verschluß:	Hafteln
Auszier:	Samtbesatz auf kleinem Kragen, an Ärmelenden und verlängerten Brusteinnähern
Ergänzung:	Kleines Seidentuch in hellerem Farbton als Samt, eingesteckt in den Ausschnitt; zum Seidengewand Drahtl- oder Goldspitzhaube

Tafel 22, links

Obersteirische Joppe

Diese relativ späte Joppenform mit Stehkrägelchen findet sich nicht nur in der ganzen Obersteiermark, sondern ist in Varianten auch im Süden und Osten des Landes beheimatet: Aus Handwebe (mit Stehkragen aus Samt) im Ennstal, aus Tuch, Wollstoff, dunkler Seide oder schwarzem Samt im oberen Murtal und in weiteren Gebieten des Landes.

Tafel 6, Mitte

Oberes Murtal, Wintertracht

Das Ärmelgewand, „Murauer Winterdirndl“ genannt, entspricht der Überlieferung. Die Ärmel wurden der Sonntagstracht des Oberen Murtales angefügt; ihr entsprechen auch Farbe und Schnitt, sodaß sich eine weitere Beschreibung erübrigt.

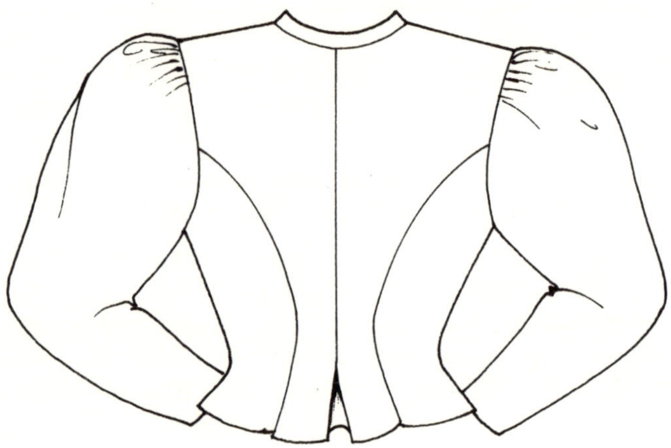

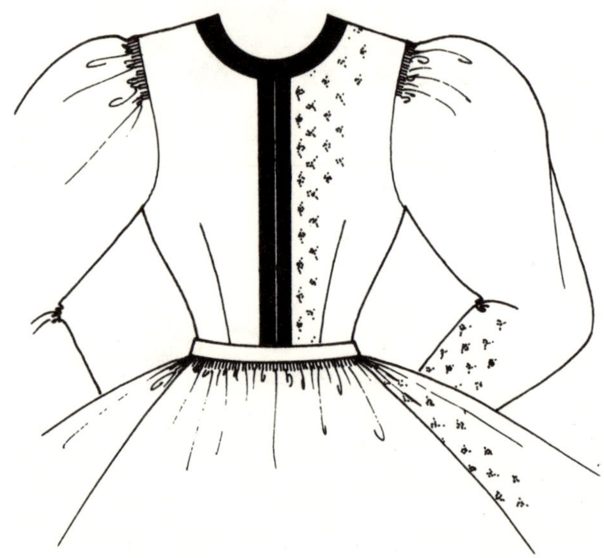

Material:	Tuch, feiner Loden, Handwebe oder Samt
Farbe:	Schwarz oder dunkle Farbtöne
Länge:	Unter die Taille gehend (angeschnittenes Schößl)
Verschluß:	Schwarze Knöpfe oder Hafteln
Auszier:	Allenfalls Samt-Stehkragen oder Borten
Ergänzung:	Schwarzes Taft-Kopftuch, „Reindlhut“ (Obersteier und Stubalmgebiet); von Neumarkt bis Oberwölz auch Bänderhut überliefert.

4. Liesingtal — Leoben — Eisenwurzen

Das Gebiet der Eisenwurzen mit seiner Metropole, der Bergstadt Leoben, hat seinen Namen vom Steirischen Erzberg, der „Haupteisenwurzen". Durch sie wurde die kulturelle Eigenart des Umlandes, auch des Liesingtales, vor allem aber des Vordernbergertales und des Bergmannsortes Eisenerz, wesentlich geprägt.

Tafel 9, links

Liesingtal, Festtracht

Nach Originalstücken von etwa 1820/30 im Museum der Stadt Leoben und im Steirischen Volkskundemuseum, Graz, die zum Teil aus der Gegend von Kalwang stammen, wurde diese Tracht erneuert. Sie ist vornehm-festlich.

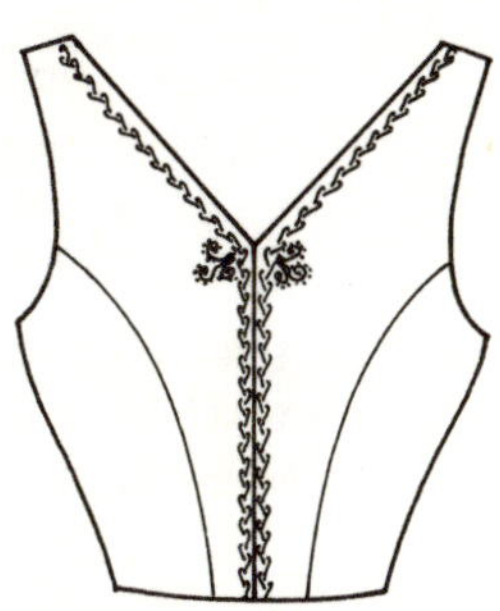

Material:	Seidenbrokat
Farbe des Kleides:	Graublau bis dunkelblau, grün oder braun, auch violett oder schwarzgrundig; als Brautgewand in hellen Tönen
Farbe der Schürze:	Schwarz, blau oder silbergrau, auch lila oder braun
Länge:	Waden- bis bodenlang
Verschluß:	Hafteln
Auszier:	Zarte Garn- und Perlstickerei
Ergänzung:	Vorn und hinten in den Ausschnitt eingestecktes, zartfarbiges Seidentuch in Kontrastfarbe zum Kleid (rosa zu blau oder grün, blau zu braun u. ä.), Bodenhäubchen oder Goldspitzhaube; Brokatspenser oder „Pelzl" in Farbabstimmung zum Gewand

Tafel 8, Abb. 1

Liesingtal, Ausgehtracht

Ländliches, „besseres" Gewand nach Bildern aus Leoben und Traboch (um 1840). Der farbige Kittelbesatz ist in Leoben, im Laming- und Mürztal nachweisbar. Das Seidentuch gehört zur Tracht. Einfacher Grundschnitt.

Material:	Leibchen: Seiden- oder Wollbrokat, Kittel: Wollstoff
Farbe des Leibchens:	Grün, wein- bis rostrot, auch blau
Farbe des Kittels:	Schwarz, grau, grün oder rot in Farbkontrast zum Leibchen
Farbe der Schürze:	Blau, schwarz, grau
Länge:	Wadenlang
Verschluß:	Hafteln
Auszier:	Wollstoffbesatz am Kittelsaum in abstechender Farbe (grün, rot, violett, auch blau); Seidentuch mit oder ohne Fransen in Farbkontrast zum Leibchen, vorne auf dem Leibchen durch Brosche gerafft und festgesteckt

Eisenerz — Trofaiach, Sonntagstracht

Nach musealen Stücken in Eisenerz, die schnittmäßig den Vorlagen zur „Liesingtaler Festtracht“ gleichen, hat ein Kreis von Trachtenliebhaberinnen um Frau Josefine Fölß sich eine unserer Zeit gemäße, festliche Form zu eigen gemacht. Sie vermehrt die Frauentrachten dieses Gebietes und besticht durch unaufdringliche Festlichkeit.

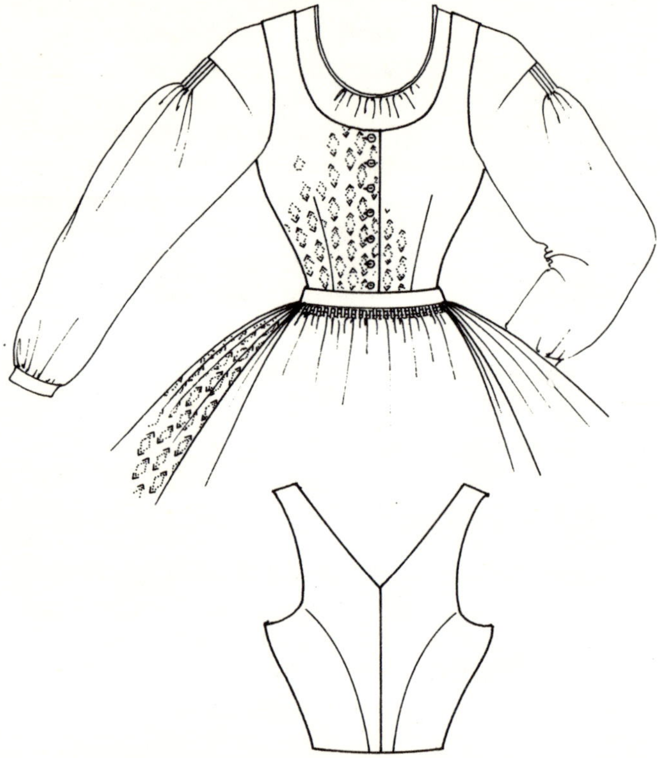

Material:	Seidenbrokat und Wollstoff
Farbe des Seidenleibchens:	Blau, braun, rot, grün, dunkle Farbtöne
Farbe des Wollstoffkittels:	Satte, dunkle Farbtöne im Kontrast zum Leibchen
Farbe der Schürze:	Blau, schwarz, silbergrau
Länge:	Wadenlang
Verschluß:	Schwarze Knöpfchen, allenfalls echte Silberknöpfe
Auszier:	Vorn und hinten in den Ausschnitt eingestecktes, fransenloses Seidentuch und silberner Trachtenschmuck
Ergänzung:	Schwarzer Tuchspenser oder Joppe; Bodenhäubchen (Mädchen), Blendenhaube oder Drahtlhaube (Frauen)

Anmerkung: Eine **Alltagstracht** für den Raum Leoben — Eisenerz mit glattem Leib und gemustertem — auch gestreiftem — Kittel und Knopfverschluß wird im Grundschnitt gearbeitet. Ihm gleicht die wiederbelebte „Tragößer Alltagstracht“ (diese mit zusätzlicher senkrechter Rückenziernaht), die bei den Trachten des Hochschwabgebietes beschrieben wird.

Tafel 8, Abb. 2

Eisenwurzen, Festtracht

Diese Festtracht wurde vor 1959 aus den musealen Hammerfrauengewändern vom Trachtenkundler und Sammler Franz Hofer, Trofaiach, entwickelt. Sein Vorschlag wurde nicht nur im Gebiet der Eisenwurzen, sondern im ganzen Land freudig aufgenommen. Die Tracht ist auch als Brautgewand sehr beliebt.

Material:	Reinseide, Seidenbrokat
Farbe des Kleides:	Alle dunklen und satten Farben, für Brautkleider auch hellere Farben
Farbe der Schürze:	Blau, silbergrau, schwarz, lila (glatt oder gestreift)
Länge:	Gut wadenlang bis bodenlang
Verschluß:	Hafteln
Auszier:	Rüschen am Ausschnitt und Rückenteil, Samtspiegel, dezente Perlenstickerei (kleine, farblich wohlabgestimmte Perlen)
Ergänzung:	Farblich kontrastierendes Seidentuch, ringsum in den Ausschnitt eingesteckt; Brokatspenser
Kopfbedeckung:	Drahtlhaube, Blendenhaube (allenfalls mit Seidenbrokat des Kleides), Goldhaube

Tafel 11 Mürztal, Hochschwabgebiet

Bezirk Leoben, Sonntagstracht

Ausgangspunkt für die Erneuerung waren Leibchen (im Museum Leoben und in Graz) von 1800 — 1810, die — wie die folgende Festtracht — in heute tragbare Form gebracht wurden.

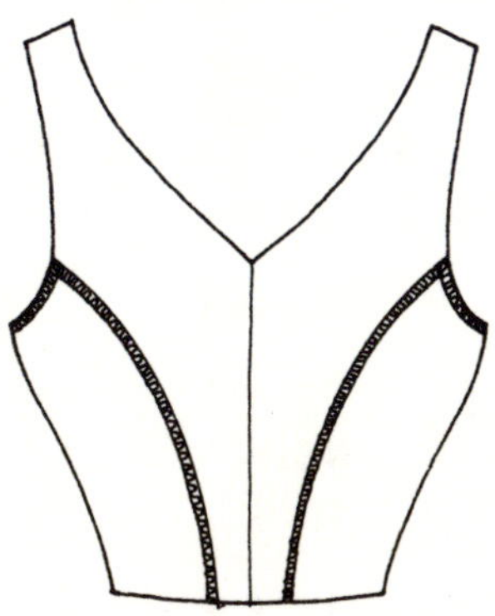

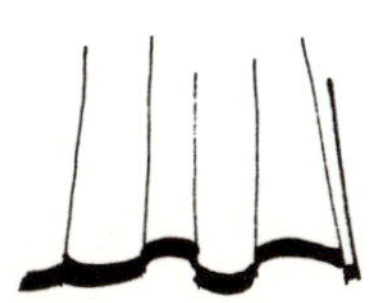

Material:	Wollstoff, Wollbrokat
Farbe des Kleides:	Grün, blau, rot oder braun
Farbe der Schürze:	Schwarz, blau, silbergrau, auch violett
Länge:	Wadenlang
Verschluß:	Hafteln, Latz
Auszier:	Posamenterieborte, Wollstoffblende am Kittel (violett, rot oder grün, auch blau)
Ergänzung:	Farblich zum Gewand kontrastierendes Tuch, ringsum eingesteckt in den Ausschnitt
Kopfbedeckung:	Boden- oder Blendenhaube
Überkleidung:	Spenser

Tafel 9, Mitte

Leoben, Festtracht

Grundlage für die Trachtenerneuerung waren bürgerliche Festkleider der Radmeister- und Hammerfrauen der Eisenwurzen aus der Zeit um 1800/10 (jetzt in musealen Sammlungen von Leoben und Graz). Die heute unzeitgemäße Verschnürung wurde durch verdeckten Haftelverschluß ersetzt, der reiche Goldbortenbesatz vereinfacht.

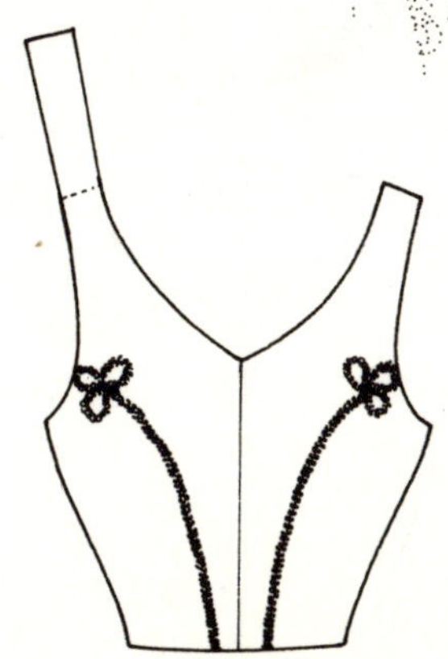

Material:	Brokatseide
Farbe:	Braun, violett, schwarz, dunkelrot oder grün, auch blau
Farbe der Schürze:	Schwarz, silbergrau, blau, lila
Länge:	Knöchel- bis bodenlang
Verschluß:	Hafteln, Latz
Auszier:	Posamenterieborte, Soutache (auch in Altgold oder Altsilber)
Ergänzung:	Seidentuch im Farbkontrast zum Gewand, ringsum in den Ausschnitt eingesteckt; Bodenhäubchen (Mädchen), Blenden- oder Drahtlhaube (allenfalls mit teilweiser Verwendung des Kleidbrokates), Goldhaube
Überkleidung:	Seiden- oder Samtspenser, auch gehäkelter Dreiecksumhang (schwarz, silbergrau, hellbraun)

Obersteirischer Spenser

Diese überlieferte Spenserform wird als „obersteirisch" empfunden; sie ist jedoch auch in der Weststeiermark (von Stainz bis Eibiswald) gebräuchlich — dort meist aus Brokatseide — und ebenso in der Oststeiermark (Vorauer Gegend, Weiz und Raabtal) in Zusammenhang mit „Drahtl-" und Goldhauben im 19. Jahrhundert nachweisbar.

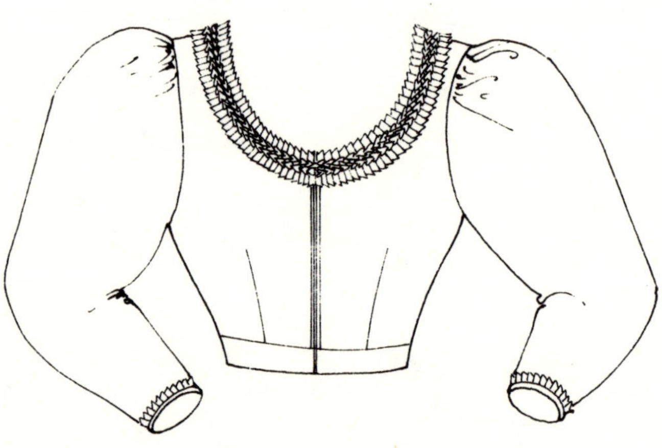

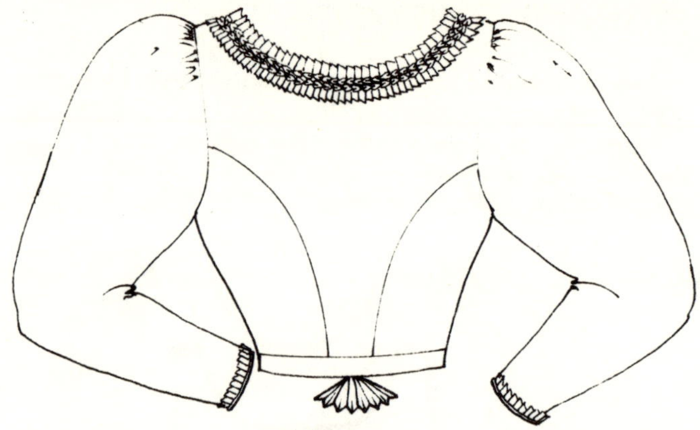

Material:	Wollstoff, Tuch, auch Samt, Brokatseide
Farbe:	Schwarz und alle dunklen Farben, zum Brautgewand heller, auf dazugehörigen Leibkittel abgestimmt
Länge:	Taillenkurz
Verschluß:	Hafteln
Auszier:	Fältchen, Rüsche, auch Perlen, Rückenfächer

5. Hochschwabgebiet — Mariazell

Dieses ausgedehnte Gebiet der östlichen Obersteiermark weist hinsichtlich seiner Trachten landschaftliche Unterschiede auf, die jedoch jeweils auf die gleiche Grundform zurückgehen. Als einigermaßen geschlossen erweist sich das Umland des „Schwaben" (Hochschwab), während Mariazell und das oberste Mürztal Verwandtschaft mit den angrenzenden niederösterreichischen Trachtenlandschaften zeigen.

Lamingtal, Alltagstracht

Eine auch in Leoben und in Eisenerz (dort als „Leobener" bzw. „Eisenerzer Dirndl") bekannte Alltagstracht haben sich überlieferungsgetreu auch viele Frauen von Tragöß wieder zu eigen gemacht. Der Grundschnitt des „Tragösser Dirndls" wurde dabei durch eine Rücken-Ziernaht erweitert. (Idee nach originalem Vorbild: Waltraut Richter-Trummer und Veronika Thorwartl.) Die Tracht hat für das Hochschwabgebiet (auch Etmißl, St. Ilgen, Fölzgraben) Geltung.

Material:	Waschstoff Leibchen: Baumwolleinen, Leinen, unbedruckt Kittel: Baumwolle bedruckt

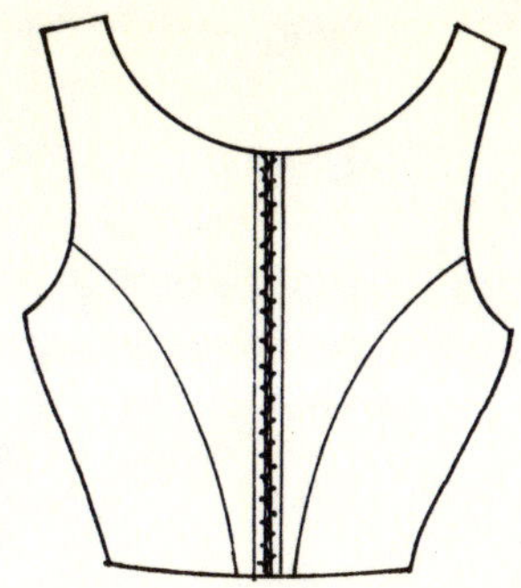

Farbe des Leibchens:	Blau-, Braun- und Rottöne (nicht grün), ungemustert
Farbe des Kittels:	Braun, blau, geblumt oder getupft, im Farbkontrast zum Leibchen
Farbe der Schürze:	Blautöne, gestreift
Länge:	Wadenlang
Verschluß:	Perlmutter getönt oder schwarze „Talarknöpfe"
Auszier:	In Rückenmitte Ziernaht (über eingelegtem Fältchen) in der Leibchenfarbe (Bäumchen-, Hexenstich)

Tafel 10, Abb. 2

Lamingtal, Festtracht

Nach bildlichen Darstellungen aus Anfang und Mitte des vorigen Jahrhunderts hat das Ehepaar Richter-Trummer in Tragöß, unterstützt von Veronika Thorwartl, eine erneuerte **„Tragösser Festtracht"** vorgeschlagen. Die Verwandtschaft von Vorbild und Ausführung zur Sonntagstracht von Seewiesen-Turnau ist unverkennbar: Latzleibchen hier wie dort.

Material:	Seidenbrokat und Wollstoff (für Brautgewand nur Seidenbrokat)
Farbe des Seidenleibs:	Rot- und Grüntöne (dunkel, satt)
dazu Wollstoffkittel:	Schwarz, braun, rot im Kontrast zum Leibchen (als Brautgewand Leibkittel aus Seide auch heller)
Farbe der Schürze:	Blau, grau, auch schwarz und braun, Streifenmuster

Länge:	Wadenlang (Brautgewand auch knöchellang)
Verschluß:	Hafteln, Latz
Auszier:	Posamenterieborte Ton in Ton mit Leibchen oder dunkelgelb, bronzefarben (Ausschnitt, Latz, Bogennähte auf 5-teiligem Rükken), Kittelbesatz aus Wollstoff in Leibchenfarbe
Ergänzung:	Ringsum in den Ausschnitt eingestecktes Seidentuch in Farbkontrast zum Leibchen (Gelb-, Rot-, Brauntöne)
Überkleidung:	Schwarze Joppe aus Loden oder Tuch
Kopfbedeckung:	Bodenhäubchen (Mädchen), Blenden- oder Drahtlhaube (Frauen)

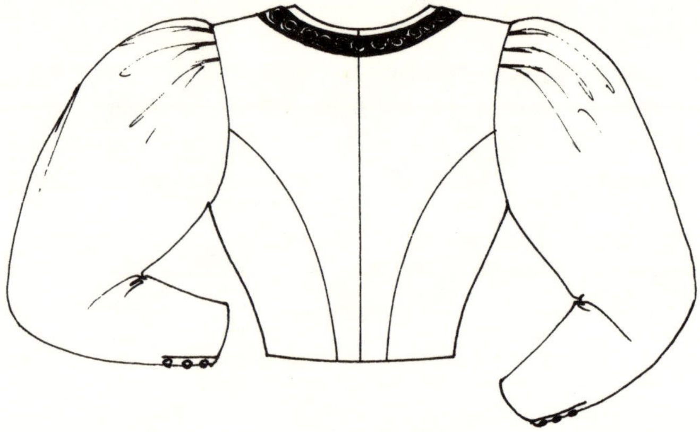

Länge:	Knapp unter die Taille reichend
Auszier:	Breitere Borte (schwarz bzw. in Joppenfarbe) oder Samtbesatz mit Borte (schwarz); Ärmelschlitz mit drei Knöpfchen

Hochschwabgebiet, Joppe

Entwickelt in Tragöß wie die schon beschriebene Alltags- und Festtracht.

Material:	Loden, Tuch, Wollstoff, Handwebe
Farbe:	Schwarz (Tragöß); auf den Kittel farblich abgestimmte Handwebe (Seewiesen-Turnau)

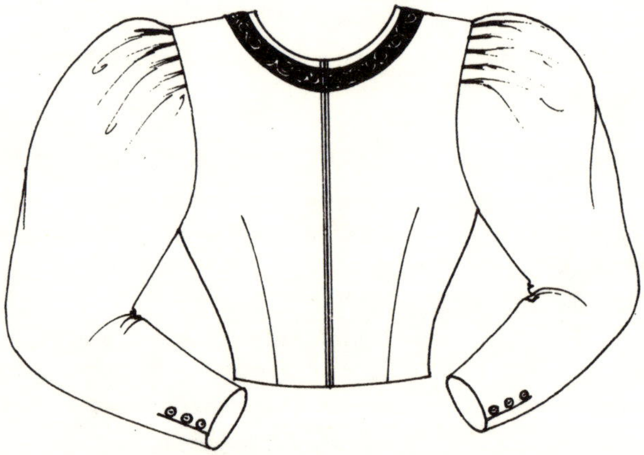

Turnau — Aflenz, Alltagstracht

Nach zwei verschiedenen Musterstücken aus der Gegend von Turnau, wobei das Miederleibchen an die Außenseite des Kittels genäht war, wurde diese Alltagstracht in Zusammenarbeit von Turnau (Maria Fasching), Kapfenberg (Dr. Katharina Zwittnig) und Graz (Volkskundemuseum — Heimatwerk) erneuert. Es gibt zwei Varianten, die auch für den Raum Kapfenberg Geltung haben.

Material:	Waschstoff Leibl: Baumwolle gewebt Kittel: Baumwolle bedruckt
Farbe des Leibchens:	Blau-weiß kariert, rot-weiß oder grün-weiß kariert
Farbe des Kittels:	In harmonischem Kontrast zum Leibl hell-rot, grün oder blau geblümt
Farbe der Schürze:	Blau, schwarz
Verschluß:	Weiße oder schwarze Knöpfe
Länge:	Wadenlang
Auszier:	Fältchen (Grazer Erneuerung), Froschgöscherln (Turnauer Ausführung), Kontrastpaspelung (Turnau)

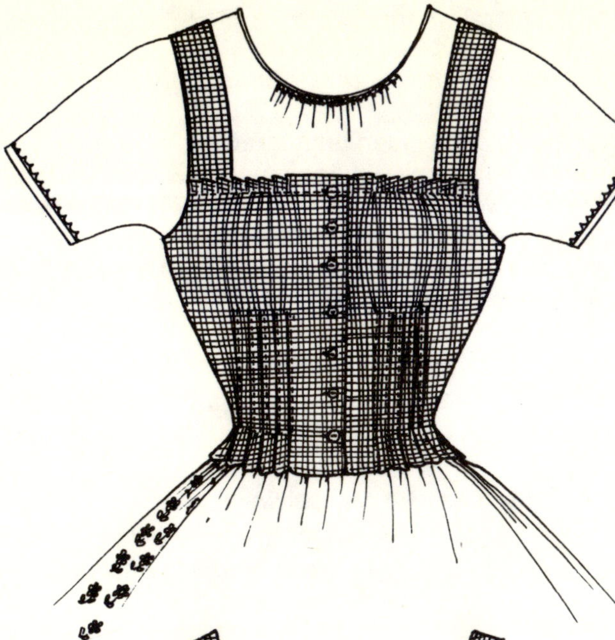

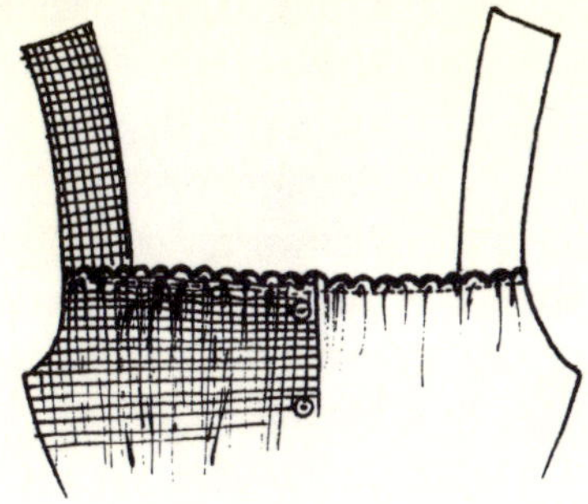

Tafel 11, rechts

Seewiesen — Brandhof, Sonntagstracht

Diese als **„Seewiesener Ausgehtracht“** bekannte Tracht wurde nach Bildquellen von 1840/50 erneuert; die Erstausführung stammt von Maria Fasching, Turnau, die dafür die heimische Handwebe aus der Heimatwerkzweigstelle Kapfenberg (Dr. Katharina Zwittnig) verwendete.

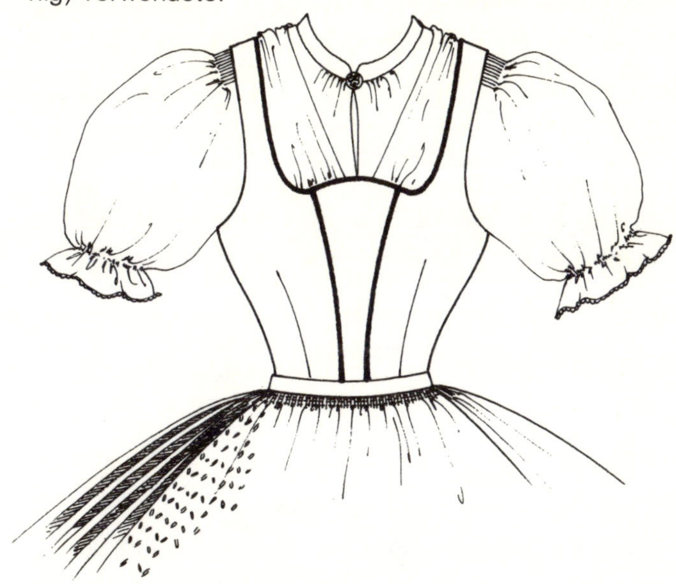

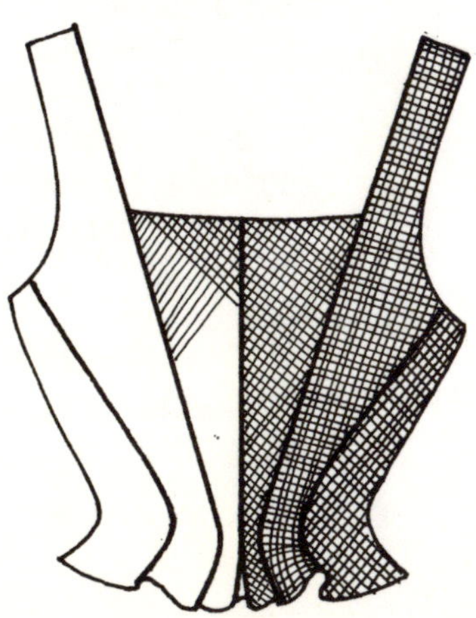

Material:	Handwebe, Wollstoff
Farbe des Leibchens:	Braun, rot, violett, blau, auch grün
Farbe des Kittels:	Harmonisch abgestimmt im Streifenmuster
Farbe der Schürze:	Schwarz, violett, blau und dunkelblau
Länge:	Wadenlang
Verschluß:	Hafteln, Latz
Auszier:	Duchessevorstoß (Paspelung) in Farbkontrast
Überkleidung:	Joppe aus dem Hochschwabgebiet
Kopfbedeckung:	Blenden- oder Drahtlhaube

Tafel 10, Abb. 3

Aflenz — Turnau, Bürgerinnentracht

Diese festliche Tracht wurde von einer um 1850 im Eisenwurzen- und Hochschwabgebiet üblichen Spenserform abgeleitet und von Magdalena Fasching in Turnau erstausgeführt. Der Überlieferung entspricht es, den Oberteil als Seidenspenser über dem unverzierten Leibkittel aus gleichem Material zu tragen.

Material:	Brokatseide
Farbe des Ärmelkleides:	Grün, weinrot, violett oder blau, auch braun
Farbe der Schürze:	Schwarz, blau oder violett; Schürze kann bei Knöchel- oder Bodenlänge auch wegbleiben (Spitzleib kommt zur Geltung)
Länge:	Boden- bis wadenlang
Verschluß:	Hafteln
Auszier:	Samtblende mit Bortenabschluß, Rückenfächer
Ergänzung:	Seidentuch in abstechender Farbe, ringsum in den Auschnitt eingesteckt
Kopfbedeckung:	Goldspitzhaube, Drahtlhaube

Tafel 10, Abb. 1

Mariazell, Sonntags- und Festtracht

Der Erneuerung lagen photographische Aufnahmen mit ländlichen Trachtenträgerinnen aus dem Raume Mariazell — Neuberg an der Mürz von 1900/10, jetzt im Stadtarchiv Mariazell, zu Grunde. Die Tracht hat auch für das oberste Mürztal Geltung und zeigt Anklänge an niederösterreichische Trachten.

Material:	Wollstoff oder Seidenbrokat
Farbe des Leibkittels:	Alle dunklen Farbtöne (außer als Brautgewand), auch schwarzgrundig
Farbe der Schürze:	Blau, schwarz, grau
Länge:	Aus Wollstoff: Wadenlang Aus Seidenbrokat: Waden- oder knöchellang
Verschluß:	Echte Silberknöpfe, schwarze „Talarknöpfe" oder im Farbton zu Kleid und Litzenzier passende halbkugelige Knöpfe
Auszier:	Hohllitzen, zwischen zwei Reihen eine in Schlangenform aufgenäht: Silbergrau, hellbraun bis senffarben, Ton in Ton zum Leibchen, eher heller; Variante: Drei Reihen gleichlaufender Hohllitzen, Farbe wie oben
Ergänzung:	Ein Seidentuch in Kontrastfarbe zum Leibkittel soll ringsum in den Ausschnitt eingesteckt werden
Überkleidung:	Rund ausgeschnittene Joppe, schwarz oder im Farbton des Kleides mit Samt- oder Litzenzier
Kopfbedeckung:	Boden- oder Blendenhaube; zu schwarzer Joppe: „zweizipfliges" großes Taftkopftuch

Mariazell, Bürgerkleid

Ausgangspunkt für den Erneuerungsvorschlag waren Seidenspenser im Heimatmuseum Mariazell (um 1860), die mit ähnlicher Kragenform im Ennstal, aber auch im niederösterreichischen Pittental beheimatet waren. Es erweist sich auch hier, daß alte Kulturlandschaften sich über heutige Landesgrenzen hinweg erstrecken.

Material:	Brokatseide, Wollstoff
Farbe des Ärmelkleides:	Dunkle, satte Farben, als Brautkleid auch heller
Farbe der Schürze:	Schwarz, blau, silbergrau, auch violett, lila
Länge:	Aus Seide waden- bis bodenlang Aus Wollstoff wadenlang
Verschluß:	Preßknöpfe, echte Silber- oder schwarze Knöpfe
Auszier:	Samtblende, darauf gedrehte Schnur
Kopfbedeckung:	Blendenhaube, Goldspitzhaube (zum Seidenkleid)

6. Mürztal

Im Mürztal pochten zur Zeit Erzherzog Johanns die Eisenhämmer, die indessen längst durch Maschinen abgelöst wurden. Eine Reihe festlicher Gewänder aus der einstigen Heimat der Hammerfrauen legt noch heute Zeugnis für die Kleiderkultur der Landschaft ab. Traditionsgebunden ist auch die Alltagstracht. Insgesamt hat die Trachtenfreude im Hochschwab- und Mürzgebiet seit der Gründung der Filiale des Steirischen Heimatwerks in Kapfenberg (1957) durch Dr. Katharina Zwittnig sichtbar zugenommen — und zwar in allen Kreisen der Bevölkerung.

Tafel 13, Abb. 1

Alltagstracht

Die Form — der Grundschnitt — und die Farbenzusammenstellung dieses „Mürztaler Dirndls", besonders seines Leibchens mit rot-schwarzem Karo, sind althergebracht und haben sich längst über die Steiermark verbreitet. Auf den an dieser Alltagstracht besonders gut darstellbaren harmonischen Kontrast (rot - schwarz, kariert - geblümt) hat der Heimatwerkgründer Viktor von Geramb eindringlich hingewiesen, so daß nach 1934 (Heimatwerkgründung) für diese Leibkittelart der Name „Gerambdirndl" aufkam.

Material:	Waschstoff (Baumwollwebe)
Farbe des Leibchens:	Rot-schwarz oder rot-weiß kariert
Farbe des Kittels:	Schwarz- oder Blaudruck
Farbe der Schürze:	Blau, selten gestreift
Länge:	Wadenlang
Verschluß:	Schwarze oder weiße Knöpfe
Auszier:	Roter Kittelbeleg (vorstoßend)

Veitsch, Alltagstracht

Verwandtschaft sowohl mit dem Turnauer-Leibchen als auch mit dem Miederleibchen im oststeirischen „Joglland" zeigt diese Form, die von Adelheid Kriwetz, Veitsch, nach alten Stücken erneuert wurde.

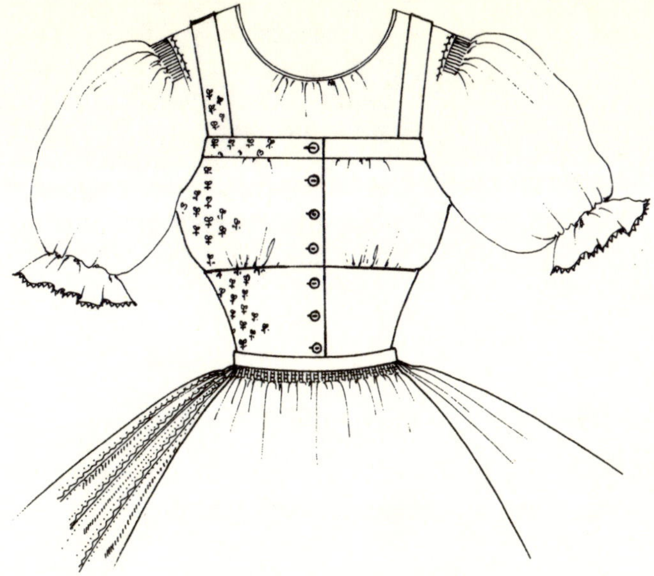

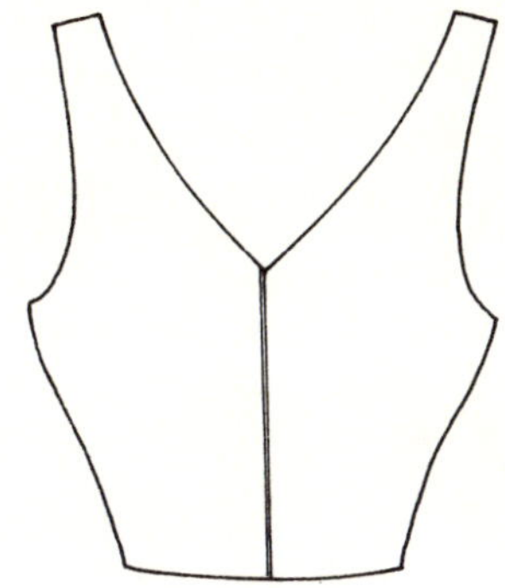

Material:	Waschstoff (bedruckt und gewebt)
Farbe des Leibchens:	Rottöne, geblumt oder getupft
Farbe des Kittels:	Blau- oder Schwarzdruck bzw. Webe gestreift
Farbe der Schürze:	Blautöne
Länge:	Wadenlang
Verschluß:	Perlmutterknöpfe oder „Talarknöpfe"
Anmerkung:	Eigenartig ist der spitze Rückenausschnitt, der mit ehemaliger Rückenverschnürung zusammenhängen könnte

Variante:	Leibchen mit Rückenverschnürung und schräg von der Rückenmitte zu den Achseln verlaufenden Trägern (Familie Zingl, Sankt Jakob im Walde und Strallegg). Eine Erneuerung könnte wegen des vorhandenen Vorderteil-Knopfverschlusses die Verschnürung durch eine Rückenziernaht ersetzen

Kapfenberg — Bruck a. d. Mur, Festtracht

Diese „Kapfenberger Festtracht", deren Rüschenzier — wie etwa auch bei der Stainzer Tracht — dem Spenser entnommen wurde, hat Dr. Katharina Zwittnig, Kapfenberg, aufgegriffen und erneuert.

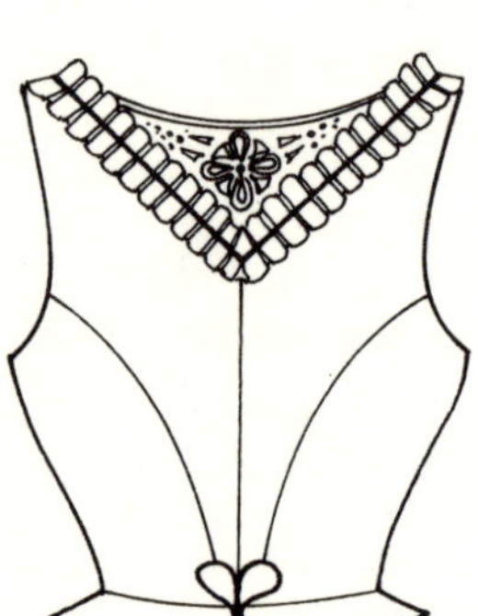

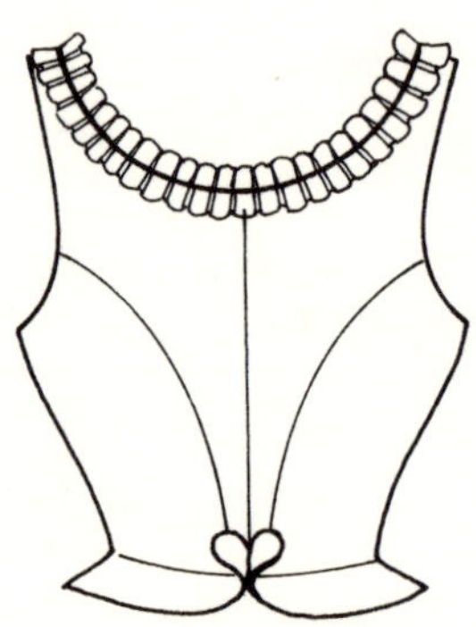

Material:	Brokatseide, Wollstoff
Farbe des ganzen Leibkittels:	Alle nicht zu hellen Farben und schwarz
oder Seidenleib:	In dunklen Farben
dazu Wollkittel:	In harmonischem Kontrast, auch Ton in Ton
Farbe der Schürze:	Blau, schwarz, auch silbergrau
Länge:	Leibkittel aus Seide waden- bis knöchellang, zusammengesetzte Form wadenlang
Verschluß:	Gepreßte oder Silberknöpfe
Auszier:	Gepaspelte Fältchenrüsche, allenfalls Perlenzier, seidengefüttertes Schößerl am Rücken aufstehend
Ergänzung:	Seidentuch in Kontrastfarbe zum Leibchen ist ringsum in den Ausschnitt einzustecken
Kopfbedeckung:	Blendenhaube, Drahtlhaube oder Goldspitzhaube

Tafel 13, Abb. 2

Mürztal, Sonntags- und Festtracht

Frau Sylvia Dollinger, Graz — Ramsau, hat 1958 diese Tracht nach einem Original-Trachtenstück aus dem Mürzgebiet von 1840/50 (jetzt im Steirischen Volkskundemuseum) erneuert. Sie gehört nun schon zu den beliebtesten Festtrachten, allerdings nicht nur im Mürztal.

Farbe des ganzen Leibkittels:	Braun oder grün, blau, gedämpft rot
oder Seidenleib:	Grün, blau, braun, rot
dazu Wollstoffkittel:	In harmonischem Farbkontrast
Farbe der Schürze:	Schwarz, blau, auch silbergrau und braun
Länge:	Zusammengesetzte Form wadenlang, Leibkittel aus Seide knöchellang
Verschluß:	Hafteln
Auszier:	Geschwungene Samtblende am Leibchen (z. B. blau zu rot usw.), Seidentuch in Kontrastfarbe gehört ringsum in den Ausschnitt eingesteckt

Überkleidung:	Seiden-, Samt- oder Wollstoffspenser, allenfalls in der Farbe des Kleides bzw. des Kittels
Kopfbedeckung:	Bodenhäubchen (Mädchen), Blendenhaube, Drahtl- oder Goldspitzhaube (Frauen)

Tafel 11, links

Stadt und Bezirk Mürzzuschlag, Festtracht

Die Erneuerung erfolgte nach Trachtenstücken und Abbildungen von 1840/50 im Steirischen Volkskundemuseum mit Herkunft Mürztal. Ähnlichkeiten mit der Tracht jenseits des Semmering sind feststellbar.

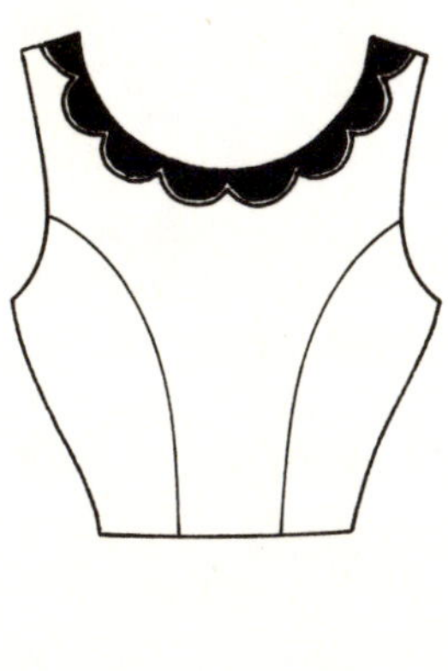

Material:	Seidenbrokat
Farbe des Kleides:	Braun, grün, dunkelrot, blau
Farbe der Schürze:	Schwarz, blau, silbergrau
Länge:	Knöchel- bis wadenlang
Verschluß:	Hafteln
Auszier:	Durch Soutache („Sultasch") abgeschlossene bogenförmige Samtblende
Ergänzung:	Silber-, Granat- oder überlieferter Goldschmuck mehrreihige Kette
Überkleidung:	Gehäkelter Umhang (silbergrau, schwarz, beige), Samtspenser, Seidenspenser
Kopfbedeckung:	Blenden- oder Goldspitzhaube (allenfalls unter Mitverwendung des Kleidbrokates)

Tafel 13

1 Mürztal - Alltagstracht

2 Mürztal - Sonntags- und Festtracht

3 Feistritztal - Sonntags- und Festtracht

4 Vorau - Sonntagsanzug

Tafel 14

1 Feldbach - Sonntagstracht

2 Semriach - Alltagstracht

3 Raabtal - Alltagsanzug

7. Nördliche Oststeiermark

„Joglland", Alltagstracht

„Wenigzeller Dirndl" oder **„Vorauer Alltagstracht"** wird dieses Brustfleck-Leibl (Miederleibchen bzw. Busenmieder) auch genannt wegen seiner Herkunft aus Wenigzell bei Vorau. Wir verdanken es der Gründerin des „Wenigzeller Heimathauses", Frau Josefa Tanos. Sind die Vorlagen dazu jetzt auch in musealer Obhut (auch im Steirischen Volkskundemuseum, Graz), so wurden sie doch bis zum 2. Weltkrieg noch (mit Rückenverschnürung) getragen. Die Erneuerung befreite es von Versteifungsnähten und (außer für besondere Liebhaber) auch von der Verschnürung.

Material:	Waschstoff (Baumwollwebe, Druckstoff)
Farbe des Leibchens:	Rot-weiß, blau-weiß, auch rot-weiß-blau kariert
Farbe des Kittels:	Blau- oder Schwarzdruck im Streu- oder Streifenmuster, auch getupft, oder rot gemustert im Farbkontrast zum Leibchen
Farbe der Schürze:	Blau
Länge:	Wadenlang
Verschluß:	Weiße Knöpfe
Auszier:	Ziernähte, Stepperei
Überkleidung:	Strickjackerl mit überlieferten Mustern, Joppe aus Loden bzw. Tuch, schwarz

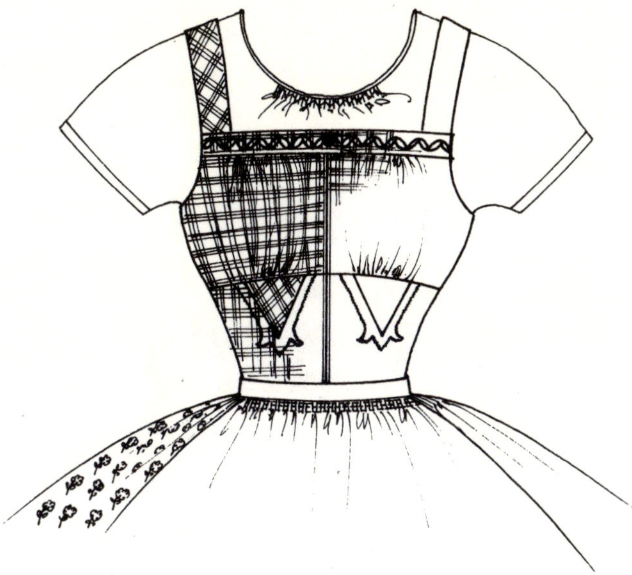

Wechselgau, Alltagstracht

Das von Ottokar Kernstock, dem Dichter der Bundeshymne der 1. Österreichischen Republik, „Wechselgau" genannte steirisch-niederösterreichische Grenzgebiet hat diesem Brustfleckleibl schon in den frühen dreißiger Jahren den Namen gegeben. Es ist beliebt wie eh und je, denn es ist auch das schlichteste seiner Art und hat seine Rückenverschnürung längst durch Knöpfe ersetzt.

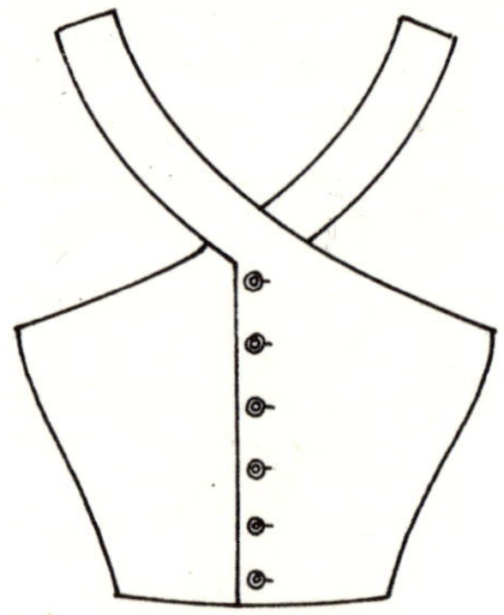

Material:	Waschstoff (Baumwolle, Druckstoff)
Farbe des Leibchens:	Blau-weiß oder rot-weiß kariert
Farbe des Kittels:	Im Farbkontrast zum Leibchen rot oder blau, auch schwarz, gemustert oder gestreift
Farbe der Schürze:	Blau, selten gestreift
Länge:	Wadenlang
Verschluß:	Weiße Knöpfe im Rücken

Bezirk Hartberg, Alltagstracht

Nach einem Original-Brustfleckleibl von 1900-1910 im Steirischen Volkskundemuseum — es stammte aus Prätis bei Pöllau — hat über Vorschlag von Dr. G. Holaubek Frau Sylvia Dollinger, Graz-Ramsau, dieses erneuerte **„Hartberger Dirndl"** gestaltet. Der leuchtend rote Baumwolldamast mußte durch gängigen Baumwoll-Druckstoff ersetzt werden, die Rückenverschnürung durch Knöpfe.

Material:	Waschstoff (Baumwollstoff, Druckstoff)
Farbe des Leibchens:	Rot in verschiedenen Tönungen, Streumuster
Farbe des Kittels:	Blau- oder Schwarzdruck
Farbe der Schürze:	Blau
Länge:	Wadenlang
Verschluß:	Weiße Knöpfe am Rücken
Auszier:	Ziernähte, Stepperei

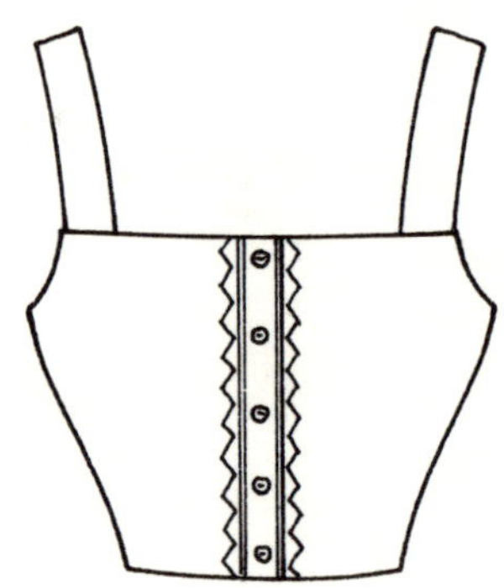

Oststeirische Sonntagstracht

Nach einem Leibchen aus **Pöllau** im Bezirk Hartberg von 1800-1810 wurde diese stark vereinfachte Tracht durch Sylvia Dollinger und Elsa Schramke-Mothwurf erneuernd gestaltet. Dabei wurde die Verwandtschaft mit niederösterreichischen Leibchen offenbar.

Material:	Wollstoff, Wollbrokat
Farbe des Leibkittels:	Braun, blau, dunkelrot, grün
Farbe der Schürze:	Schwarz, blau, silbergrau
Länge:	Wadenlang
Verschluß:	Hafteln
Auszier:	Samteinfassung bzw. Rückenbesatz (Ton in Ton)

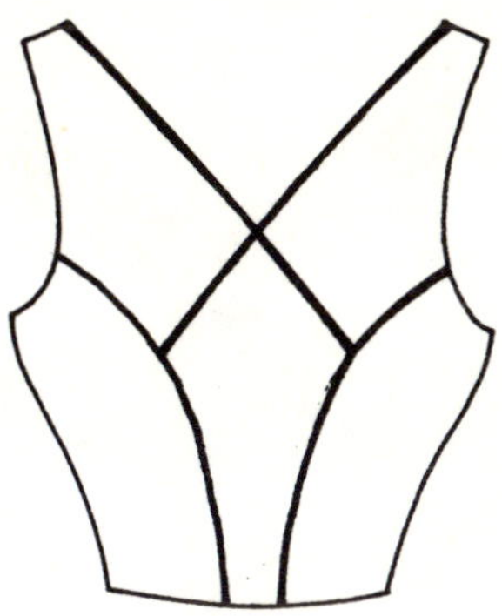

Tafel 13, Abb. 3

Feistritztal, Fest- und Sonntagstracht

Nach Originalmiedern, Aquarellen und einem Votivbild von 1800-1810 aus Birkfeld und Anger (jetzt im Steirischen Volkskundemuseum, Graz) wurden die Varianten dieser festlichen oststeirischen Kleidung erneuert.

Material:	Seidenbrokat oder Seide und Wollstoff
Farbe des ganzen Leibkittels:	Grün oder rot oder blau
oder Seidenleib:	Grün oder rot oder blau (gebrochene Töne)
dazu Wollkittel:	In harmonischem Farbkontrast (z. B. rostrot zu grün)
Farbe der Schürze:	Schwarz, blau oder grau
Länge:	Leibkittel aus Seide waden- bis knöchellang, zusammengesetzte Form wadenlang
Verschluß:	Hafteln, Latz
Auszier:	Gestickte Borte oder aufgenähte Litze („Sultasch" = soutache), auch Goldschnur (keine echte Verschnürung), allenfalls senkrechte Ziernaht auf Schürze wie in Latzmitte
Überkleidung:	Seiden- oder Tuch- bzw. Samtspenser (in Farbe des Gewandes)
Kopfbedeckung:	Bodenhäubchen (oststeirische Form mit Goldspitze für Mädchen) oder Drahtlhaube (schwarz) bzw. Goldhaube (für Frauen)
Ergänzung:	Ein seidenes Trachtentuch in Kontrastfarbe zum Leibchen soll ringsum in den Ausschnitt eingesteckt werden (rosa zu blau, grün; hellblau zu rot, braun usw.)
Überkleidung:	Joppe mit Samtbesatz, schwarz oder Ton in Ton mit dem Gewand
Kopfbedeckung:	Bodenhäubchen in „Hartberger Form" (mit senkrechter Goldspitze am Hinterhaupt = „Boden") für Mädchen, Drahtlhaube für Frauen

Tafel 12, links

Oststeirische Festtracht

Die dekorative Tracht wurde erneuert nach einem oststeirisch-bürgerlichen Leibchen von 1800-1810 (Pöllau bei Hartberg) und nach Archivinventaren von vor 1800 (Fürstenfeld). Die einander ähnlichen oststeirischen Festtrachten unterscheiden sich nur wenig in ihrem Rückenschnitt, der aber jeweils charakteristisch ist.

Material:	Seidenbrokat
Farbe des Kleides:	Braun, rostrot bis weinrot, grün, blau
Farbe der Schürze:	Schwarz, blau, silbergrau, auch lila
Länge:	Knöchellang
Verschluß:	Hafteln
Auszier:	Von Borte (auch in Altgold oder Silber) eingefaßte Samtblende, am Rücken Borte und Perlstikkerei innerhalb der Raute
Kopfbedeckung:	Bodenhäubchen oder Goldspitzhaube

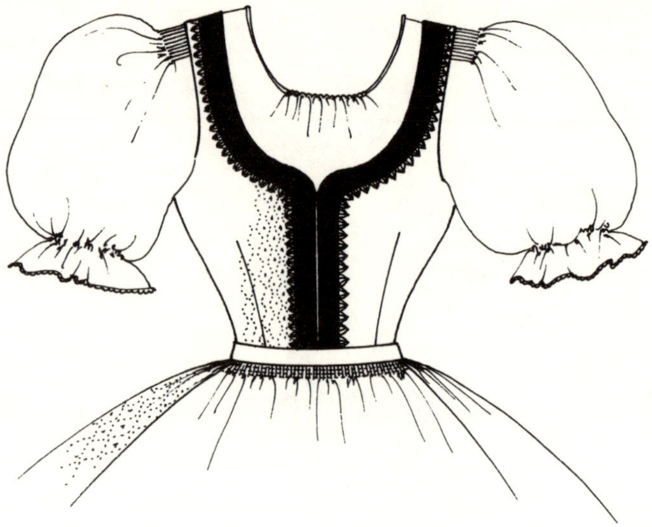

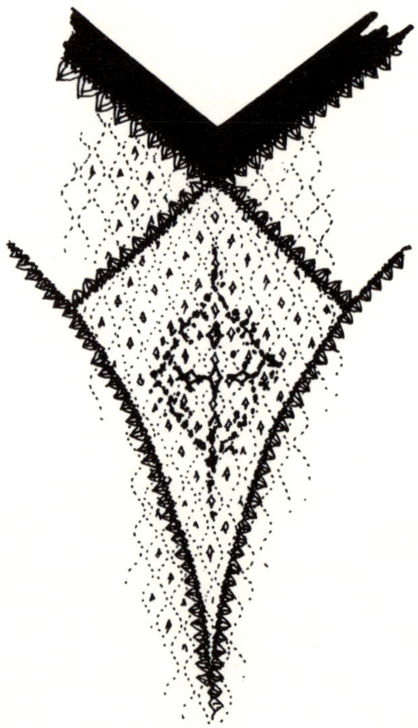

8. Mittlere und südliche Oststeiermark

In diesem südlichen Teil des Bezirkes Weiz, in den Bezirken Fürstenfeld und Feldbach hatten sich nur mehr Alltagstrachten erhalten. Die gewünschten Festtrachten kamen mit den Flüssen aus den nördlichen oststeirischen Talschaften.

Weiz-, Raabtal, Alltagstracht

Für Weiz- und Raabtal haben gleiche Trachtenformen, nur in der Materialwahl verschieden, Geltung. Für die Alltagstracht sind dies Miederleibchen mit überlieferter Rückenverschnürung, die nun wegbleiben konnte, da der Haftelverschluß heutzutage genügt. Die Vorform mit leuchtend rotem, in sich gemustertem Leib stammt aus St. Kathrein am Offenegg, weshalb die Erneuerung meist **„Weizer Dirndl“** genannt wird.

Material:	Leinen, Baumwolleinen und Blau- oder Schwarzdruck bzw. Baumwollwebe
Farbe des Leibchens:	Einfarbig rot
Farbe des Kittels:	Blau- oder Schwarzdruck
Farbe der Schürze:	Blau, gestreift
Länge:	Wadenlänge
Verschluß:	Hafteln
Auszier:	Stepperei, weiß oder blau, am Vorder- und Rückenteil
Variante:	Das **„Raabtaler Dirndl“** für Sankt Ruprecht an der Raab, Feldbach, Fehring usw. unterscheidet sich nur geringfügig:
Farbe des Leibchens:	Rot getupft oder zart geblümt
Farbe des Kittels:	Schwarz oder blau im Streifenmuster
Schürze:	Blau, einfarbig

Verschluß, Verzierung, wie auch Material (Waschstoff) sind dieselben wie beim „Weizer Dirndl“.

Überkleidung:	Gestricktes Trachtenjäckchen (weiß oder grau) oder schwarze Loden- oder Wollstoffjoppe (auch Handwebe)

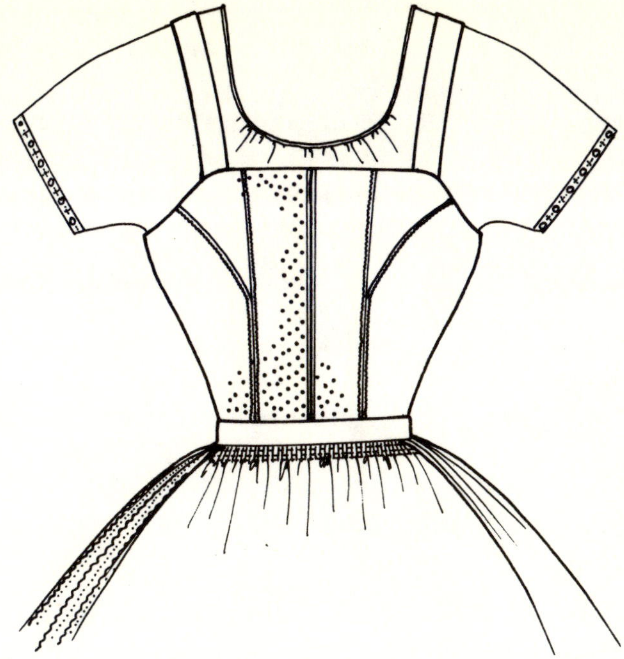

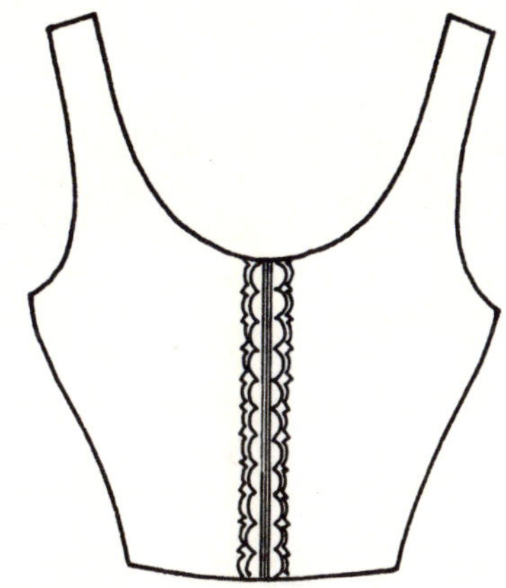

Tafel 14, Abb. 1

Bezirk Feldbach, Sonntagstracht

Schnitt und Ausgestaltung sind die gleichen wie bei der Weizer und Raabtaler Alltagstracht, nur die Stoffart ist verschieden.

Material:	Wollbrokat (auch Gemisch), Wollstoff
Farbe des Leibchens:	Rot- und Brauntöne; allenfalls grün

Farbe des Kittels:	Schwarz, grün (z. B. oliv zu rostrot); rot oder braun (zu grünem Leibchen)
Farbe der Schürze:	Blau, grau, schwarz im Streifenmuster
Länge:	Wadenlang
Verschluß:	Hafteln
Auszier:	Garnstepperei in Farbe von Kittel oder Schürze auf Vorder- und Rückenteil
Überkleidung:	Hochgeschlossene Joppe, in der Farbe des Kittels oder schwarz; Wollstoff, Loden

Bezirk Fürstenfeld, Alltagstracht

Dieses Leibchen mit gezogenem Brusteinsatz, aber Rücken im Grundschnitt, ist im steirisch-burgenländischen Grenzgebiet des Bezirkes Fürstenfeld daheim. Die zusammengesetzte Form (Leib kariert, Kittel geblumt) fand sich 1958 zufällig in Ilz und wurde **„Fürstenfelder Dirndl"** genannt. Die Ilzerinnen unserer Tage ziehen den durchgehend im Streumuster bedruckten Stoff vor (**„Ilzer Dirndl"**), indes die Form mit gleichem (feinem) Karo für Leibchen und Kittel den Namen **„Burgauer Dirndl"** erhielt.

Material:	Waschstoff Leibl: Baumwolle gewebt Kittel: Baumwolle bedruckt
Varianten:	Ilz: Leibl und Kittel: Baumwolle bedruckt Burgau: Leibl und Kittel: Baumwolle kariert
Farbe des Leibchens:	Rot-weiß oder rot-weiß-schwarz kariert
Farbe des Kittels:	Blau- oder Schwarzdruck
Farbe der Varianten:	Rot oder blau gemustert oder getupft (Ilz) Rot, blau, violett, braun kariert (Burgau)
Farbe der Schürze:	Blau, schwarz; zu den Varianten (Ilz, Burgau) auch grau, allenfalls braun, violett (stets ungemustert)
Länge:	Wadenlang
Verschluß:	Knöpfe: Weiß (Perlmutter) oder in Farbe von Streumuster oder Karo (Steinnuß)
Überkleidung:	Trachtenjackerl, Jopperl

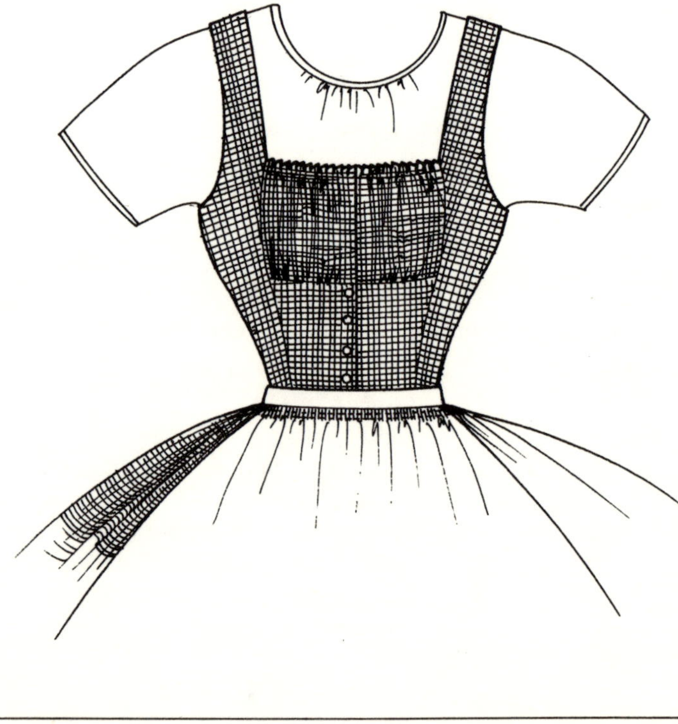

Tafel 12, Mitte

Oststeirisches Bürgerkleid

Diese besonders festliche Tracht wurde von Titus Lantos, dem Leiter des Heimatmuseums Pischelsdorf, nach einem oststeirischen Taftspenser aus der 1. Hälfte des 19. Jahrhunderts erneuert.

Material:	Seidenbrokat
Farbe des Ärmelkleides:	Alle gedeckten oder gebrochenen Farben, als Brautgewand auch hell
Material der Schürze:	Seide, Mousseline oder Tüll
Farbe der Schürze:	Blau, silbergrau, hell- bis dunkelbraun, auch lila
Länge:	Waden- bis bodenlang (Brautkleid)
Verschluß:	Hafteln, schmaler Latz
Auszier:	Ausschnittblende und Ärmelbesatz mit Fältchenabschluß, Litzen; Rückenschößerl Schürze: Spitzbund aus Stoff des Kleides, Perlenstickerei am Saum
Überkleidung:	Gehäkeltes Dreiecktuch (doppelt), in schwarz, silbergrau oder beige bzw. braun
Kopfbedeckung:	Drahtlhaube, Goldhaube, Brautkrönchen

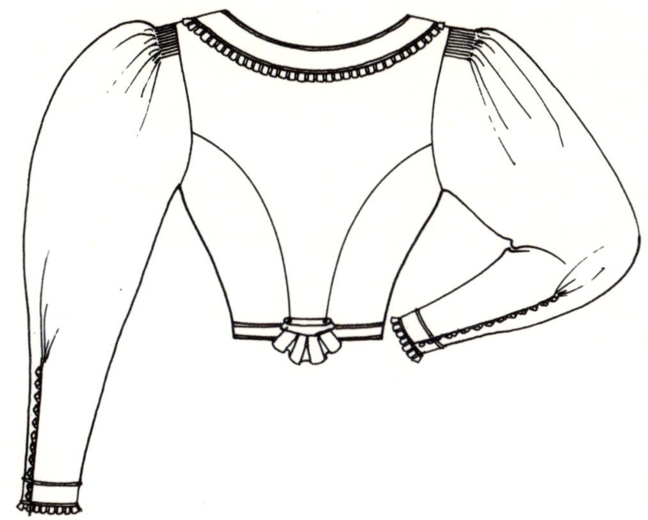

9. Mittelsteiermark, Graz — Graz-Umgebung

Durch Zuwanderung aus anderen steirischen Landschaften und durch auf das Land ausgerichtete, bewußte Trachtenpflege sind im Raum Graz verschiedene ländliche Trachtenformen heimisch geworden. Außerdem haben bürgerliche Trachten, die durch den gemeinsamen (Wiener) Modeeinfluß viele Ähnlichkeiten mit Frauentrachten anderer (östlicher) Bundesländer haben, in der Landeshauptstadt — wie in anderen steirischen Städten und Märkten — Fuß gefaßt.

Graz und Umgebung, Alltagstracht

„Grazer Dirndl" wird dieser gehaftelte Leibkittel im Grundschnitt, mit ungemustertem Leibchen und abgerundet-eckigem Ausschnitt, gerne genannt. Wegen des einfärbigen Leibchens kann trotz seines Waschstoffes ein kleines Trachtentüchlein in den Ausschnitt eingesteckt oder auf dem Vorderteil gerafft und festgesteckt werden.

Material:	Waschstoff (Leinen, Baumwolle, Druckstoff)
Farbe des Leibchens:	Ungemustert, blau, rot, grün usw.
Farbe des Kittels:	Streu- oder Streifenmuster in harmonischem Farbkontrast zum Leibchen (nicht Ton in Ton!)
Farbe der Schürze:	Blau, lila, grau, auch schwarz im Streifen- oder Streumuster im Kontrast zum Kittel
Länge:	Wadenlang
Verschluß:	Hafteln
Ergänzung:	Tücheln in Kontrastfarbe (blau zu rot, usw.)

Mittelsteirischer Leibkittel

Der Ausschnittvorstoß unterscheidet diesen Leibkittel von den sonst üblichen. Er ist im Grundschnitt gearbeitet. Geblümt, aus Waschstoff, wird er außer im Norden von Graz auch in der Weststeiermark getragen, als Wollstoff-Variante vor allem auch in der Obersteiermark.

Material:	Waschstoff (Baumwollwebe, Druckstoff), Variante: Wollstoff
Farbe des Leibkittels:	Alle Farben bei Karo- oder Druckmuster; dunkler bei Wollstoff
Farbe der Schürze:	Blau, schwarz, grau; auch braun und violett ungemustert; zu Wollstoff auch gestreift (Seide)
Länge:	Wadenlang
Verschluß:	Knöpfe (Perlmutter, „Talarknöpfe")
Auszier:	Zu kariertem Leibkittel: Schrägbandvorstoß an Hals- und Achselausschnitt und Rücken-Bogennähten in der Schürzenfarbe (dunkel); Duchessevorstoß in der Farbe des Wollstoffkittels
Ergänzung:	Zu Handdruck oder Wollstoff auch Seidentuch (ringsum eingesteckt) in Kontrastfarbe

Tafel 14, Abb. 2

Semriach — Passail, Alltagstracht

Dieses **„Semriacher Dirndl"** ist aus dem einfachen Brustfleck entstanden und wurde hochgeschlossen mit Rückenverschnürung, der Mode um 1900 entsprechend, noch bis zum ersten Weltkrieg rund um den Schöckel getragen.

Material:	Waschstoff (Baumwolle bedruckt)
Farbe des Leibchens:	Weiß oder schwarz gemustertes Rot
Farbe des Kittels:	Blau- oder Schwarzdruck, Streifenmuster
Farbe der Schürze:	Blau
Länge:	Wadenlang
Verschluß:	Weiße Perlmutterknöpfe
Auszier:	Weiße Stepperei oder aufgenähte feine Litze, allenfalls Rükkenverschnürung
Ergänzung:	Hochgeschlossene Joppe, Strohhut („Körblhut")

Schöckel-Bergland, Alltagstracht

Diese Variante mit Halsausschnitt ist schon in den dreißiger Jahren in Arzberg-Passail entstanden und hat sich auch in St. Radegund, in Rinegg und bis Maria Trost und Kumberg als **„Schöckel-Dirndl"** eingebürgert.

Material:	Waschstoff Leibl: Baumwolle gewebt Kittel: Baumwolle bedruckt
Farbe des Leibchens:	Rot-schwarz, rot-blau, auch rotweiß klein kariert
Farbe des Kittels:	Blau- oder Schwarzdruck
Farbe der Schürze:	Blau
Länge:	Wadenlang

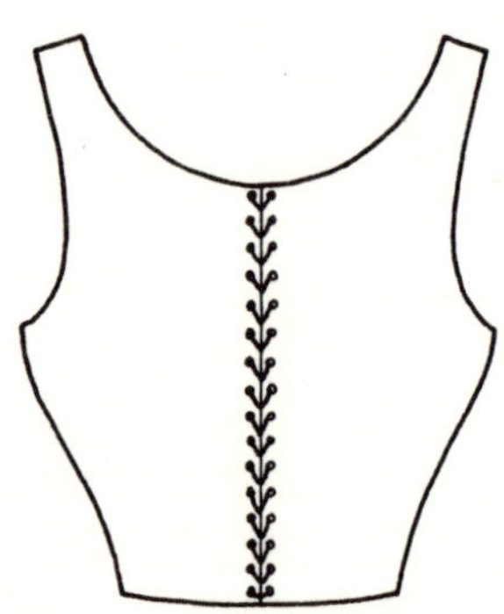

Verschluß:	Dunkle Perlmutterknöpfe, schwarze „Talarknöpfe", auch weiße Perlmutterknöpfe
Auszier:	Froschgöscherleinfassung des Brustteils, schwarz, blau oder weiß; Rückenverschnürung kann durch verzierte Steppnaht ersetzt werden

Mittleres Murtal, Fest- und Sonntagstracht

Diese nach Zeichnungen aus der Erzherzog-Johann-Zeit auf heutige Gepflogenheiten abgestimmte Tracht gilt für das Murtalgebiet von Bruck murabwärts. Als Hauptorte sind Pernegg, Frohnleiten, Peggau zu nennen.

Material:	Seidenbrokat oder Wollstoff bzw. Seidenbrokat und Wollstoff
Farbe des ganzen Leibkittels:	Sattes oder dunkles Rot, dunkleres Blau, Braun oder Grün, auch Violettöne
oder Seidenleib:	Dunkelrot, -blau oder -braun
dazu Wollkittel:	In harmonischem Farbkontrast
Farbe der Schürze:	Blau, schwarz, braun, grau, auch violett (allenfalls mit Biedermeier-Karomuster in feinem Handdruck)
Länge:	Leibkittel aus Seide: Knöchel- bis wadenlang Leibkittel aus Wolle und zusammengesetzte Form: Wadenlang
Verschluß:	Hafteln
Auszier:	Zwei schmale oder eine breitere Posamenterieborte um Ausschnitt und Verschlußkanten, auf Schürze oder Kleid abgestimmt, meist heller als dieses; Seidentuch in Kontrastfarbe ringsum in den Ausschnitt eingesteckt
Ergänzung:	Murtaler Spenser
Kopfbedeckung:	Bodenhäubchen (Mädchen) Drahtlhaube (Frauen)

Murtaler Spenser

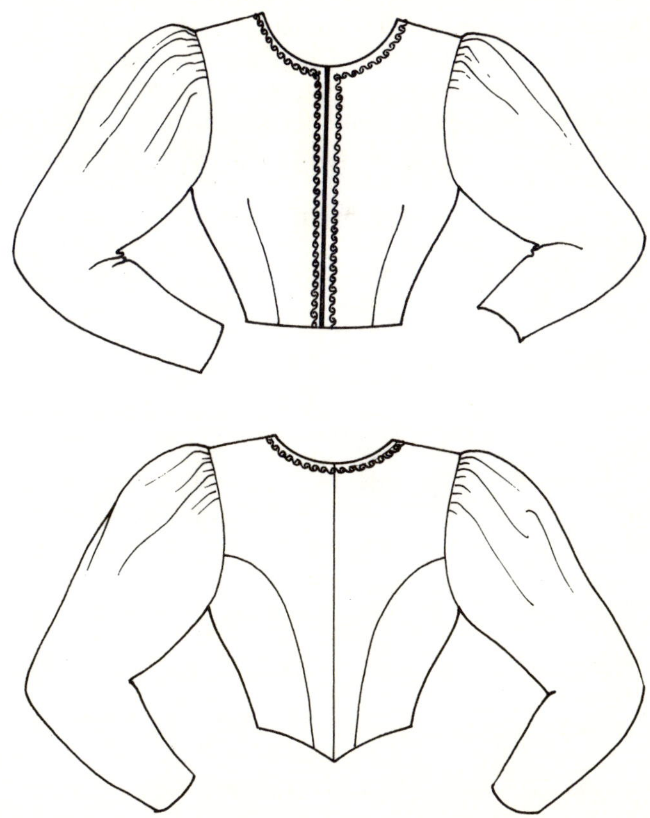

Material:	Tuch, Wollstoff
Farbe:	Auf Murtaler Tracht abgestimmt in dunklen Farben oder in Schwarz
Länge:	Knapp über die Taille hinabreichend
Verschluß:	Hafteln
Auszier:	Posamenterieborten wie am Leibkittel, schwacher „Rückenspitz". Ein fransenloses Seidentuch in Kontrastfarbe zum Leibchen soll bei Leibkittel und Spenser immer innen getragen werden.

Tafel 15, links

Dekanatsgebiet Rein, Sonntagstracht

Das Dekanat, das von Maria Straßengel bis Frohnleiten, von Stiwoll bis Semriach und von Übelbach bis Gratkorn reicht, hat mit seinem alten Kulturzentrum, dem Zisterzienserstift Rein, der Tracht den Namen und die räumliche Ausdehnung gegeben. Als „Reiner Sonntagstracht" wurde sie von trachtenfreudigen Reiner Damen (Dipl.-Ing. Annemarie Dreibholz, Waltraud Hutter, Helga Pabst u. a.) nach bäuerlichen Fotos im Steirischen Volkskundemuseum (um 1890), wiederbelebt.

Material:	Wollstoff, glatt oder in sich gemustert
Farbe des ganzen Leibkittels:	Blau, braun, grün oder rot; immer in gedämpften, eher dunklen Farbtönen; auch violett oder schwarz
Farbe der Schürze:	Schwarz, blau; auch braun oder grau; gestreift oder glatt; allenfalls klein gemustert
Länge:	Gut wadenlang
Verschluß:	Hafteln
Auszier am Gewand:	Halsnahe, passepoilierte Formblende
Auszier an der Schürze:	Bund in Stehfältchen gezogen, deren Oberkante gewellt
Auszier auf der Bluse:	Wenn farblich möglich, blauer Zierstich
Ergänzung:	Kleines Seidentuch (in Kontrastfarbe zum Leibchen) in den Ausschnitt eingesteckt; echte Trachtenbrosche auf der Blende

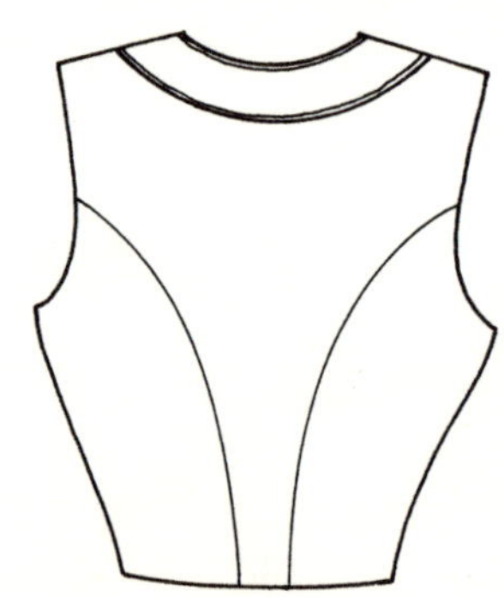

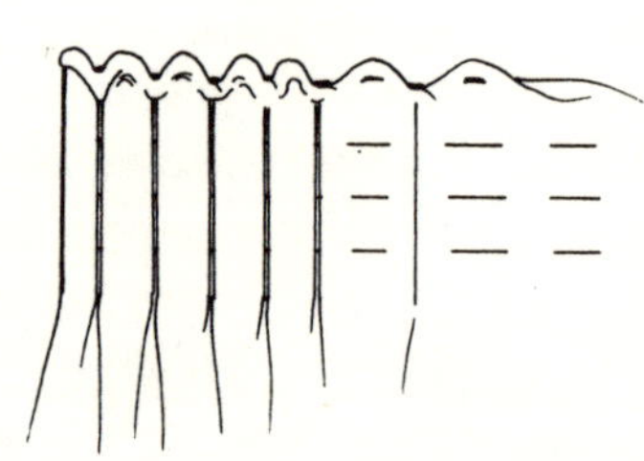

Tafel 15 Dekanat Rein (Graz-Nord)

Dekanatsgebiet Rein, Alltagstracht

In Anlehnung an die Reiner Sonntagstracht entstand diese Alltagstracht mit ihrer passepoilierten Formblende. Sie gleicht dem Schnitt nach völlig jener, ist aber aus kariertem Waschstoff und mit Knopfverschluß gearbeitet. Der Karostoff ist farblich nicht festgelegt, die Waschstoffschürze meist blau, schwarz, auch violett.

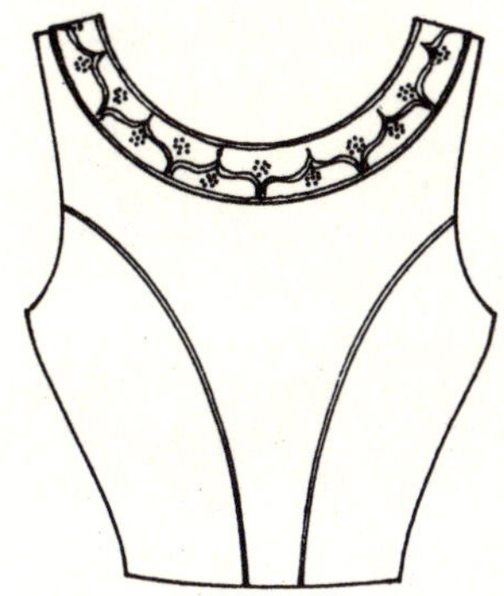

Tafel 15, rechts

Dekanatsgebiet Rein, Festtracht

Diese vornehme Festtracht, die sich auch gut als Brautgewand eignet, wurde nach Bildern der Erzherzog-Johann-Zeit aus dem Reiner Stiftsumkreis erneuert. Die ersten Gewänder dieser Art wurden von den schon mit der Reiner Sonntagstracht beschäftigten Damen und von Grete Kober, Gratkorn, anläßlich der 850-Jahrfeier des Stiftes Rein 1979 geschaffen. Sie haben sich indessen schon im ganzen Dekanatsgebiet verbreitet.

Material:	Seidenbrokat
Farbe des ganzen Leibkittels:	Alle satten und dunklen Farbtöne; als Brautgewand auch hell
Farbe der Schürze:	Blau, schwarz, grau, auch braun; gestreift, auch glatt
Länge:	Gut wadenlang oder knöchel- bis bodenlang (Brautkleid)
Verschluß:	Hafteln
Auszier am Gewand:	Passepoilierte Formblende, darauf Litzenzier und zarte Perlstikkerei
Auszier an der Schürze:	Stehfältchen wie zur Sonntagstracht
Ergänzung:	Ein seidenes Trachtentuch in Kontrastfarbe zum Kleid (in sich gemustert, fransenlos) kann ringsum in den Ausschnitt eingesteckt werden. Bodenhäubchen (für Mädchen), Drahtl- oder Blendenhaube (für Frauen) passen stilvoll zur Festtracht

Überkleidung: Spenser aus dem Kleidmaterial mit überlieferter Rüschenzier; auch gehäkeltes Umhangtuch (zum Dreieck gefaltet) aus silbergrauer, schwarzer, auch brauner Wolle

Mittelsteiermark, „Reiner Kostüm“

Nach dem Muster des einreihigen „Reiner Sonntagsanzugs“ wurde dieser Erneuerungsvorschlag für ein mittelsteirisches Kostüm erstellt. Es ist hochgeschlossen wie der Männerrock und mit Schößl gearbeitet.

Material:	Feiner Loden (Reinwolloden, „Lodentuch“) für Jacke und „Schoß“
Farbe:	Dunkelgrün
Länge:	Jacke: Hüftlänge Rock („Schoß“): Wadenlänge
Verschluß:	Schwarze Hornknöpfe
Auszier:	Knopflöcher, Verschlußkanten, Taschenpatten und Ärmelbesatz schwarz passepoiliert; der grüne Stehkragen schwarz gesteppt
Ergänzung:	Weste mit rundem Ausschnitt und „Talarknöpfen“ aus Brokatseide und seidenes Bindel (zur Masche gebunden) möglich, sonst Trachtentuch

Liebochtal, Alltagstracht

Zum Bezirk Graz—Umgebung, zu seinem westlichen Teil, gehören auch Stiwoll und das Liebochtal, weshalb die dort beheimatete Alltagstracht hier erwähnt gehört. Wesentlich an ihr ist die blaue Leibchenfarbe. Der Schnitt gleicht dem der Murbodner Alltagstracht.

Material:	Waschstoff Leibl: Baumwolle bedruckt oder gewebt Kittel: Baumwolle bedruckt oder gewebt
Farbe des Leibchens:	Blau in verschiedenen Tönungen mit Streumuster oder blau mit Karomuster

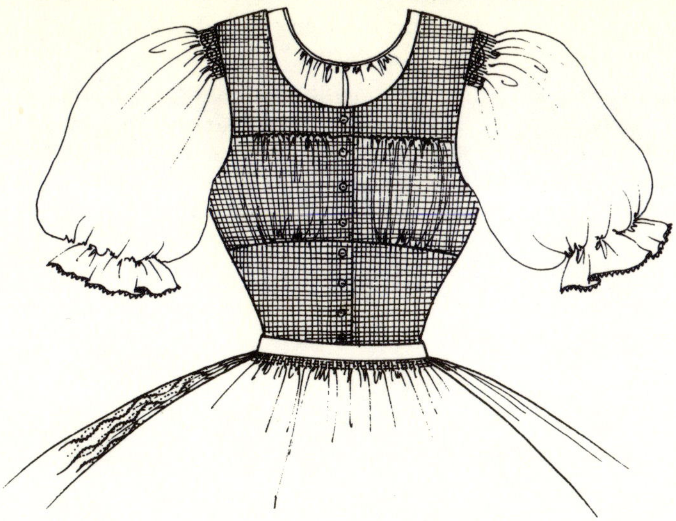

Farbe des Kittels:	Rot oder braun gestreift oder rot kariert, jeweils im Kontrast zum Leibchen.
Farbe der Schürze:	Blau, auch schwarz, ungemustert
Länge:	Wadenlang
Verschluß:	Perlmutterknöpfe, weiß oder getönt
Variante:	Die gleiche Farbstellung, aber im Grundschnitt gearbeitet (Leibchen mit Einnähern), kommt unter anderem auch im Saggautal vor

Tafel 16

Grazer Bürgerkleid

Anläßlich der 850-Jahrfeier der Landeshauptstadt wurde 1978 über Anregung der damaligen Grazer Heimatwerk-Geschäftsleiterin, Frau Luise Feichtinger, ein vornehmes, festliches „Grazer Bürgerkleid" erneuert und im Heimatwerk mit besonderer Sorgfalt und wahrer Handwerkskunst hergestellt. Die Vorbilder zur Gestaltung waren Portraits vornehmer Bürgersfrauen (von etwa 1780 —1800) in der kunstgewerblichen Abteilung des Joanneums, vor allem der Bäckermeistersgattin Barbara Reischl in St. Veit ob Graz.

Material:	Reinseidenbrokat
Farbe des Gewandes:	Gebrochene oder dunkle Farbtöne, helle für Brautgewand, helles Plastron
Farbe der Schürze:	Schwarzer, blauer, abgestimmt auf das Gewand auch heller Tüll wie beige oder silbergrau
Länge:	Knöchel- bis bodenlang
Verschluß:	Hafteln

Auszier des Gewandes:	Sich nach hinten verbreiternde Legfaltenrüsche am tiefen Ausschnitt, Rüsche auch an den Ärmeln, Litzen- und Perlenzier, Zierstich mit Perlen am in Stehfalten gezogenen Ausschnitteinsatz („Plastron“)	Auszier der Schürze:	„Spitzbund“ aus dem Stoff des Gewandes, Perlenstickerei am Saum der Tüllschürze
		Übergewand:	Gehäkelter Umhang (Dreieckform) aus schwarzer, perlgrauer oder auch bräunlicher Wolle
		Kopfbedeckung:	Goldhaube in Linzer oder Grazer Form

10. Nördliche Weststeiermark

Die Begrenzung der folgenden Trachtenlandschaften erfolgt rein lagemäßig, nicht besiedlungs- oder kulturlandschaftlich. Es handelt sich um den Bezirk Voitsberg und den Gerichtsbezirk Stainz (der zum politischen Bezirk Deutschlandsberg gehört). Gerade in diesen Teilen der Weststeiermark haben sich Trachten bis in unsere Zeit erhalten. Aber auch die behutsamen Erneuerungen für das Erzherzog-Johann-Gedenkjahr 1959 wurden gerne angenommen, die weiteren aus letzter Zeit — es waren großteils nur Wiederbelebungen — führten ebenfalls zur selbstverständlichen Tracht.

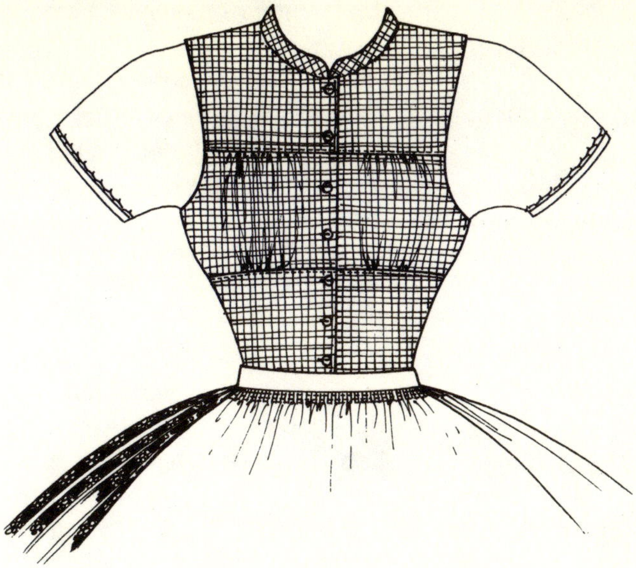

Südliches Gleinalmgebiet, Arbeitstracht

Für das Söding- und Kainachtal hat die als **„Gleinalmdirndl"** bekannte Leibkittelform mit Stehkragen und gezogenem Brustteil Geltung. Die Vorlage fand sich u. a. auf bäuerlichen Fotos aus Geisttal um 1910.

Material:	Waschstoff Leibl: Baumwolle gewebt oder bedruckt Kittel: Baumwolle gewebt oder bedruckt
Farbe des Leibchens:	Rot-weiß oder blau-weiß kariert, auch dreifarbig
Farbe des Kittels:	Im Kontrast zum Leibchen blau-weiß oder rot-weiß oder rot-schwarz gestreift (Farbton nicht zu hell), auch dreifarbig
Farbe der Schürze:	Blau, ungemustert
Länge:	Wadenlang
Verschluß:	Weiße oder getönte Perlmutterknöpfe
Auszier:	Allenfalls weiße Schlingspitze auf dem Stehkragerl des Leibchens
Ergänzung:	Strohhut (im Sommer)

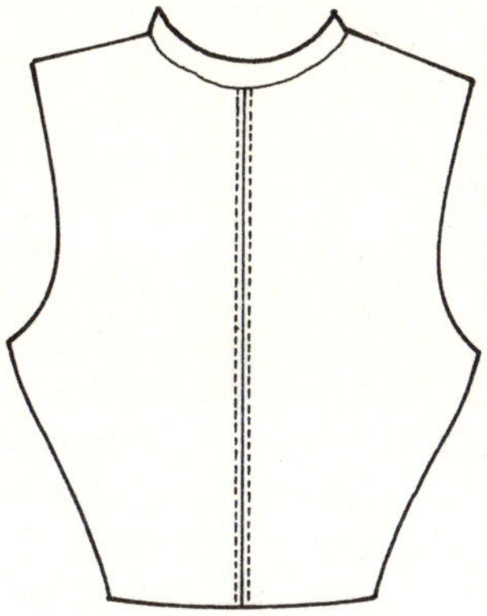

Stubalmgebiet, Alltagstracht

Dieses als **„Stubalm-"** oder **„Köflacherdirndl"** bekannte, ehemalige „Brustfleckleibl"-Gewand war bis in die dreißiger Jahre z. B. um Hirschegg noch lebendig und wurde unter der Feiertagsjacke (Joppe) sogar an Festtagen getragen. Ein doppelter Brustzwickel diente als Uhrtäschchen für das Frauenührchen an langer Silberkette. Den einst rot gemusterten Leibchenstoff hat man 1958 durch feinste Karowebe, ab 1963 meist durch ungemusterten roten Baumwollstoff — der Steppzier wegen — ersetzt. Der Schnitt gleicht vollkommen der Deutschlandsberger Alltagstracht.

Material:	Waschstoff (Baumwolle, Leinen)
Farbe des Leibchens:	Rot ungemustert oder ganz fein kariert bzw. zart geblumt
Farbe des Kittels:	Blau- oder Schwarzdruck, gestreift zu gemustertem Leibchen, geblumt zu kariertem
Farbe der Schürze:	Blau oder schwarz; bedruckt zu ungemustertem Leibchen im Musterkontrast zum Kittel
Länge:	Wadenlang
Verschluß:	Hafteln
Auszier:	Stepperei (meist weiß) auf Vorder- und Rückenteil
Überkleidung:	Joppe oder weststeirischer Spenser
Kopfbedeckung:	„Gradner Reindl" (niederer schwarzer Filzhut, von Bäuerinnen aus der Graden bei Köflach bis etwa 1920 noch getragen)

Kainachtaler Sonntagstracht

Angelehnt an die im Raume Köflach überlieferten Sonntagsspenser von 1810 bis 1830 mit — sogar farblich abstechender — Rüsche wurde diese Tracht entwickelt. Sie hält sich an den Grundschnitt.

Material:	Seiden- oder Wollbrokat
Farbe des Leibkittels:	Weinrot, braun, grün, auch blau
Farbe der Schürze:	Blau, schwarz, grau oder auch lila
Länge:	Waden- bis knöchellang
Länge:	Aus Wollstoff wadenlang, aus Seide waden- bis knöchellang
Verschluß:	Hafteln
Auszier:	Gezogene oder gefältelte Rüsche aus Duchesse oder aus ungemusterter Schürzenseide
Ergänzung:	Seidentuch in vom Gewand abstechender Farbe, ringsum in den Ausschnitt eingesteckt
Überkleidung:	Rüschenspenser oder weststeirischer Spenser
Kopfbedeckung:	Bodenhäubchen, Drahtlhaube

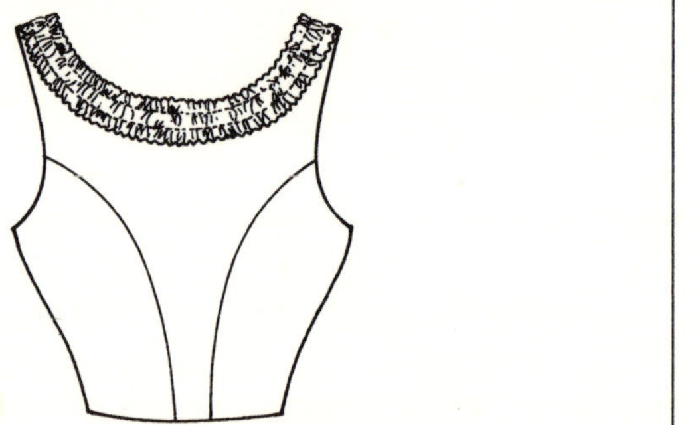

Weststeirischer Spenser

Das Musterstück zu diesem Spenser fand sich im Hause des Dichterarztes Dr. Hans Kloepfer in Köflach, übermittelt durch Familie Uray. Die Schneidermeisterin Maria Miglbauer, Graz, hat es erstmalig 1935 aufgegriffen und in Handwebe übertragen. 1959 veröffentlicht, wird dieses „Jöpperl" indessen nicht nur in der Weststeiermark gerne getragen.

Material:	Tuch, Wollstoff, Handwebe
Farbe:	Schwarz- oder dunkelfarbig, zur daruntergetragenen Tracht abgestimmt oder in gleicher Farbe
Länge:	Kurz (bis zur Taille)
Verschluß:	Hafteln
Auszier:	Samteinfassung, schwarz oder dunkelfarbig
Kopfbedeckung:	„Gradner Reindl" zu schwarzem Spenser

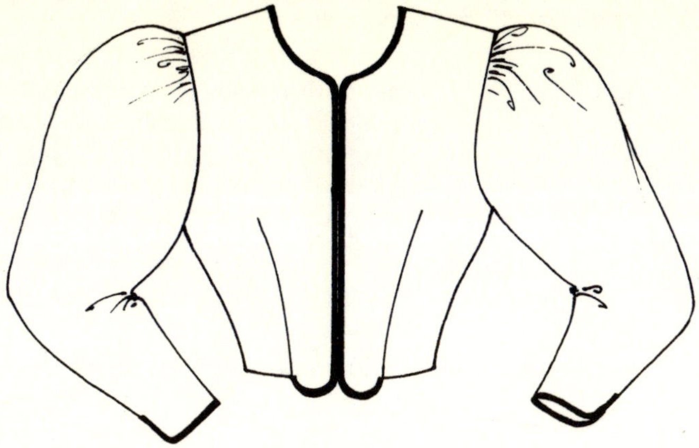

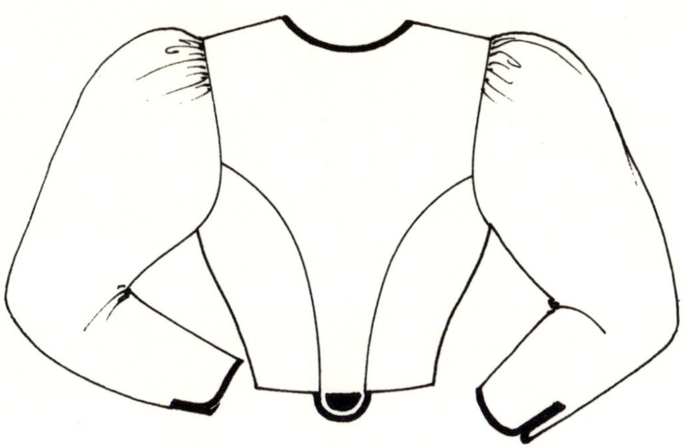

Weststeirische Festtracht

Diese auch als **„Mooskirchner Festtracht"** bekannte Tracht ist eine Erneuerung der in der ganzen Weststeiermark von 1810 bis etwa 1830 durch Bildquellen (Kammermaler Erzherzog Johanns) bezeugten ländlichen Empirekleidung. Hohe Taille und weißgrundiger Kittel wurden der heutigen Tracht angepaßt.

Material:	Seidenbrokat
Farbe des Kleides:	Rot, blau, braun oder grün in nicht zu hellen Tönen
Farbe der Schürze:	Blau, schwarz oder silbergrau, auch lila
Länge:	Waden- bis knöchellang
Verschluß:	Hafteln
Auszier:	Aufgenähte Kragenblende mit Fältchen- oder Rüschenvorstoß, im Rücken allenfalls „Fächer"
Ergänzung:	In den Ausschnitt ringsum eingestecktes Seidentuch in Kontrastfarbe zum Leibchen
Überkleidung:	Seiden- oder Tuchspenser mit Rüsche
Kopfbedeckung:	Bodenhaube, Drahtl- oder Goldspitzhaube

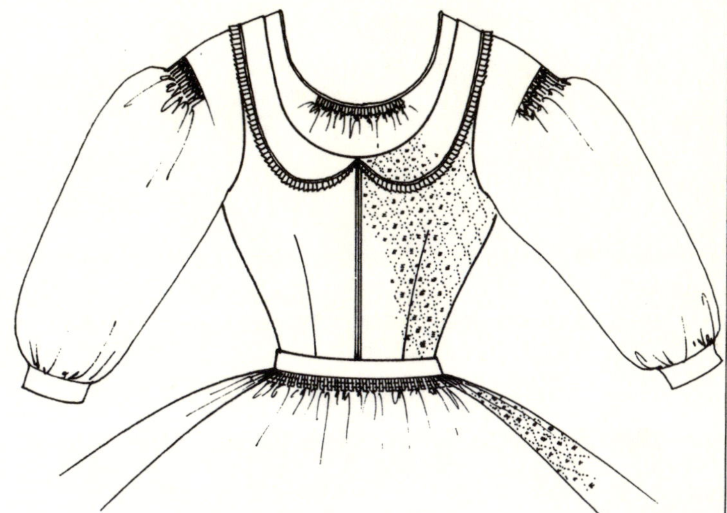

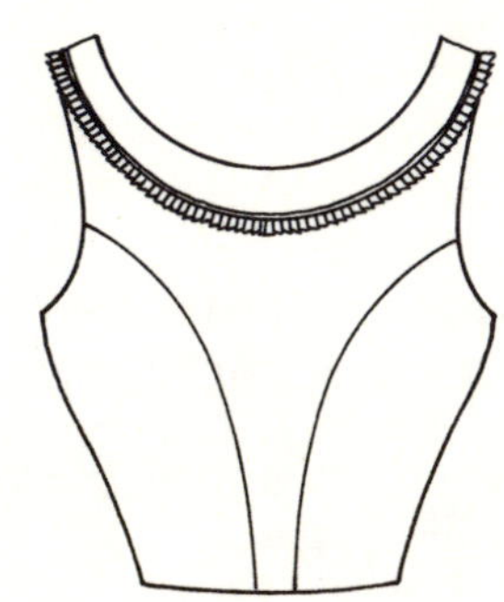

Stainz, Alltagstracht

Dieser als **„Stainzer Dirndl"** weitum bekannte Blaudruck-Leibkittel war ein fast in der ganzen Steiermark getragenes Gewand, vor allem dort, wo es „Blaufärber" gab, die den Stoff bearbeiteten. Die Stainzerinnen selbst legen besonderen Wert auf eine himmelblaue Schürze.

Material:	Waschstoff (Baumwolle, Leinenhanddruck)
Farbe des Leibkittels:	Blaudruck
Farbe der Schürze:	Hellblau
Länge:	Wadenlang
Verschluß:	Weiße Perlmutterknöpfe

Tafel 17, Abb. 1 und 2; Tafel 20, Mitte

Stainz, Festtracht

Der Gerichts- und Marktort Stainz, berühmt durch seinen einstigen Bürgermeister, Erzherzog Johann, und dessen dort ansässige Nachkommen, die Grafen Meran, hat seit Jahrzehnten gute Kenner seiner Landschaft und bewußte Trachtenpfleger unter seinen Bürgern und Bürgerinnen, vor allem die Familien Musger und Hubmann. Ihre Trachten verschönen immer wieder all die Feste, die es in Stainz gibt, vor allem die Stainzer Frauen-Festtracht, deren Verbreitung die Grenzen des Gerichtsbezirkes weit überschreitet.

Material:	Brokatseide
Farbe des Kleides:	Blau, violett, auch Rottöne
Farbe der Schürze:	Hellblau und schwarz (im Marktort); dunkelblau oder auch bläulich-lila in der West- und Mittelsteiermark
Länge:	Gut waden- bis knöchellang
Verschluß:	Hafteln
Auszier:	Rüsche aus Kleidstoff, allenfalls auch am Kittel (ungefähr acht cm über Kittelrand oder als Saumabschluß), „Stainzer Fächer“ am Rücken
Ergänzung:	Seidentuch in Kontrastfarbe immer ringsum in den Ausschnitt gesteckt; weiße oder hellblaue Strümpfe
Übergewand:	Seidenspenser aus dem Stoff des Kleides, ebenfalls mit Rüsche und rundem Ausschnitt, Schnitt wie Leib
Kopfbedeckung:	Bodenhäubchen (Mädchen), Goldspitz- oder Goldhaube (Frauen); allenfalls über Bodenhäubchen breiter „Sulmerhut“ aus Stroh mit Seidenband (meist ein Erbstück)

11. Südliche Weststeiermark

Weststeirische Arbeitstracht

Der unter dem Namen **„Wildbacher Dirndl"** bekannte, hochgeschlossene Leibkittel mit Stehkragen ist eine für weite Teile der Steiermark gültige Form, die an die Mode der Jahrhundertwende angeknüpft hat. Der Name Wildbach bezieht sich zwar auf das Foto eines Bauernmädchens aus Wildbach in den zwanziger Jahren, aber auch auf den einst — besonders im 16. Jahrhundert — so bedeutenden Herrschaftsbereich mit Schloß. — Als Variante davon ist die von den **Schwanberger** Frauen und Mädchen neuerdings gern getragene **Alltags- und Sonntagstracht** zu verstehen: Ebenfalls im Grundschnitt, aber aus geblümtem (Waschstoff) oder in sich gemustertem Stoff (Wollbrokat) ohne Stehkragen und mit Haftelverschluß, als ungeteilter Leibkittel gearbeitet.

Material:	Waschstoff Leibl: Baumwolle gewebt Kittel: Baumwolle gewebt oder bedruckt
Farbe des Leibchens:	Rot-weiß oder blau-weiß kariert, auch dreifarbig
Farbe des Kittels:	Im Farbkontrast blau-weiß, rot-weiß oder rot-schwarz gestreift, auch dreifarbig (Farbton nicht zu hell, feine bzw. strenge Streifen)
Farbe der Schürze:	Blau, ungemustert
Länge:	Wadenlang
Verschluß:	Weiße oder getönte Perlmutterknöpfe
Auszier:	Allenfalls weiße Schlingspitze auf dem Stehkragen
Variante:	Die eingangs erwähnte „Schwanberger Sonntagstracht" wird durch ein Seidentuch ergänzt

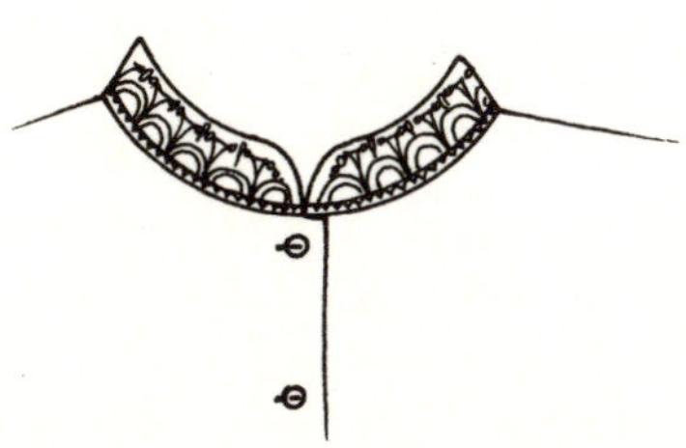

Weststeirisches Handwebegewand

Die besonders schöne Handwebe, die im Raume Gams hergestellt wird, eignet sich bestens für einen Leibkittel mit einfarbigem Leibchen und gestreiftem Kittel. Das Leibchen im Grundschnitt kann rund ausgeschnitten, aber auch hochgeschlossen sein. Auch ist jede Verschlußart, ob gehaftelt oder zu knöpfeln, möglich. Ein mit der Leibchenfarbe in Kontrast stehendes, mit Brosche befestigtes Seidentuch, macht das Gewand noch kostbarer und mit der Seidenschürze zu einer Festtracht. Es hat eine allgemein steirische Gültigkeit.

Bezirk Deutschlandsberg, Alltagstracht

Nach einem vor Jahren aus Preding ins Steirische Volkskundemuseum überbrachten Brustfleck-Leibchen wurde 1958 eine gewiß für den ganzen Bezirk gültige Alltagstracht gestaltet. Die Rückenverschnürung wurde — wie fast überall — durch eine Ziernaht ersetzt. In Preding selbst hat das **„Predinger Dirndl"** — entsprechend dem Original — im Leibchen stets ein kräftiges Rot.

Koralmgebiet, Saggautal, Alltagstrachten

Varianten des Steirischen Leibkittels, wie er im „Stainzer Dirndl" vorliegt, werden — außer in der Obersteiermark — im ganzen Land gern getragen. Im Saggautal, wo man es auch **„Eibiswalder Dirndl"** nennt, liebt man zum geblümten Leibchen — im Grundschnitt — einen gestreiften Kittel in Kontrastfarbe und dazu die ungemusterte blaue oder auch schwarze Schürze. Weiße oder getönte Knöpfe dienen dem Verschluß (Grundschnitt).

Im Koralmgebiet bevorzugt man beim sogenannten **„Trahüttener Dirndl"** den gemusterten Leibkittel — wie beim Stainzer Dirndl, aber auch in Rot — und ergänzt durch eine gestreifte blaue, seltener graue Schürze. Wie die Sonntagstracht kann der runde Ausschnitt auch dunkel (mit Schrägband in der Schürzenfarbe) passepoiliert sein. Beide knöpfelbaren Varianten sind aus Waschstoff gearbeitet.

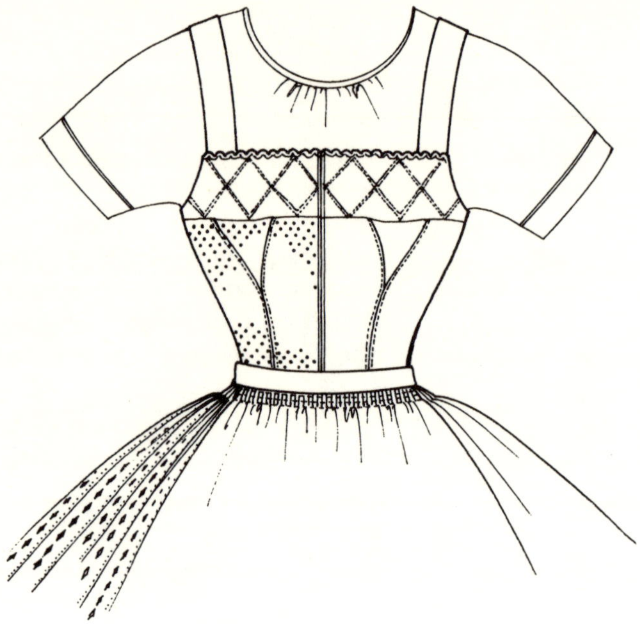

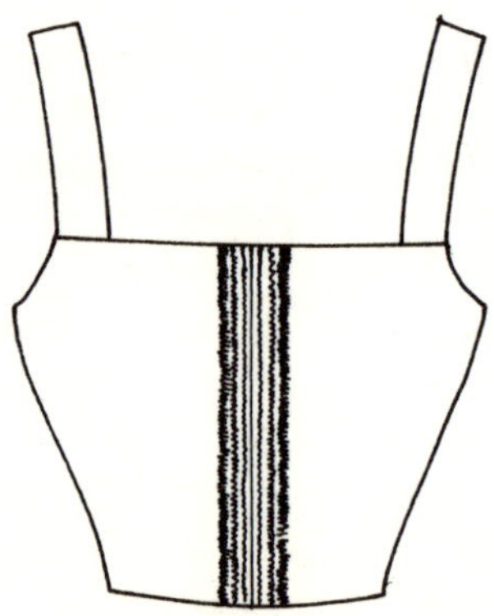

Material:	Waschstoff (Baumwolle)
Farbe des Leibchens:	Blau-weiß oder rosa-weiß getupft oder zart geblümt, auch rot-weiß gemustert
Farbe des Kittels:	In Farbkontrast zum Leibchen rot-weiß oder blau-weiß gestreift
Farbe der Schürze:	Hell- bis dunkelblau
Länge:	Wadenlang
Verschluß:	Hafteln
Auszier:	Froschgöscherln und Stepperei (letztere auch am Rückenteil)

Koralmgebiet, Sonntagstracht

„Steirerkittel" nannte man im Stubalm-, aber auch im Koralmgebiet den Leibkittel mit Leibchen und Kittel aus einem Stoff. Die Frauen von Trahütten, voran Frau Hannelore Huemer, haben sich die Tracht ihrer Vorfahren samt schwarzer Sonntagsschürze wieder zu eigen gemacht.

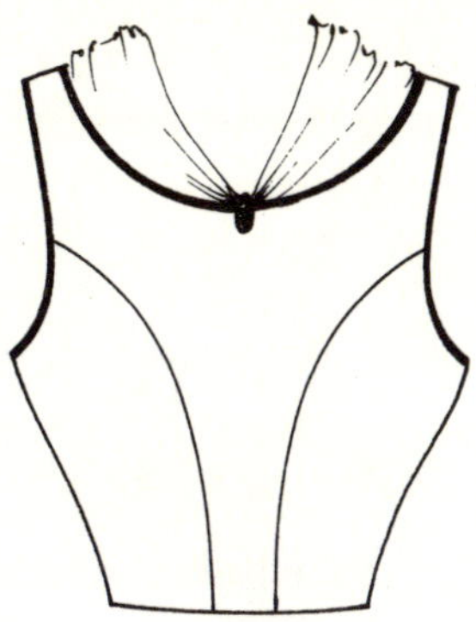

Material:	Wollstoff, Wollbrokat
Farbe des „Steirerkittels":	Alle dunklen oder satten Farben
Farbe der Schürze:	Schwarz, allenfalls in sich gemustert (gestreift)
Länge:	Wadenlang
Verschluß:	Schwarze, flache oder gewölbte Knöpfe („Talarknöpfe")
Auszier:	Schwarze Passepoilierung des Hals- und Ärmelausschnittes, allenfalls auch schwarzes vorstoßendes „Kittelblech" (für verheiratete Frauen, nicht für Mädchen)
Ergänzung:	Farblich kontrastierendes Seidentuch in den Ausschnitt ringsum (auch hinten) eingesteckt
Überkleidung:	Weststeirischer Spenser oder Rüschenspenser
Kopfbedeckung:	Bodenhäubchen (Mädchen), Blenden- oder Drahtlhaube, wenn Spenser getragen wird, auch „Reindlhut"

Saggautal, Sonntagstracht

Wie Bilder aus der Erzherzog-Johann-Zeit zeigen, liebte man auch im Südwesten der heutigen Steiermark zweifarbige Auszier auf sonntäglichen Kleidern. Dem wurde in der Tracht des Saggautales — rund um Eibiswald — Rechnung getragen.

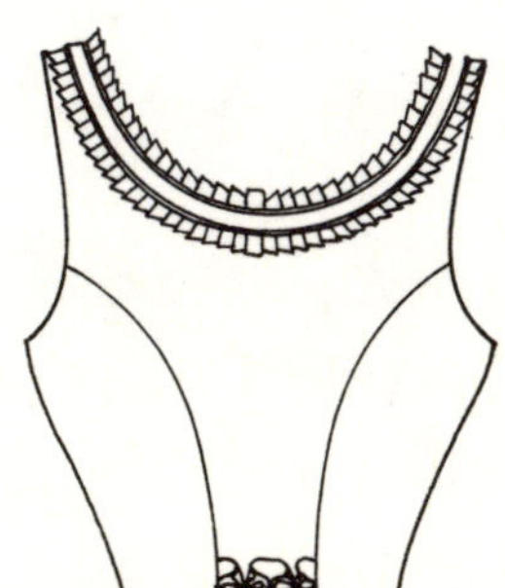

Material:	Wollbrokat
Farbe des Kleides:	Dunkelrot, dunkelbraun, braun; seltener violett oder dunkelgrün
Farbe der Schürze:	Blau, schwarz, grau; glatt oder gestreift

Länge:	Wadenlang
Verschluß:	Hafteln
Auszier:	Zweifarbiger Fältchen-, Borten- und Rüschenbesatz: Fältchen aus der Schürzenseide oder aus einer anderen zum Kleid farblich kontrastierenden Seide, gezogene Stehfältchenrüsche aus dem Wollstoff; Borte in Kleid- oder Schürzenfarbe
Ergänzung:	Seidentuch in Kontrastfarbe zum Leibchen; ringsum im Ausschnitt eingesteckt
Kopfbedeckung:	Bodenhäubchen (Mädchen), Drahtlhaube (Frau)

Eibiswald, Festtracht

Der traditionsbewußte Markt- und Gerichtsort Eibiswald hat schon vor etwa einem halben Jahrhundert für Fest- und Hochzeitstrachten auf die Vorbilder des 19. Jahrhunderts zurückgegriffen. Die zweifarbige Rüsche ähnelt der Saggautaler, ist aber noch kunstvoller, im übrigen gleicht die Tracht der Saggautaler Sonntagstracht.

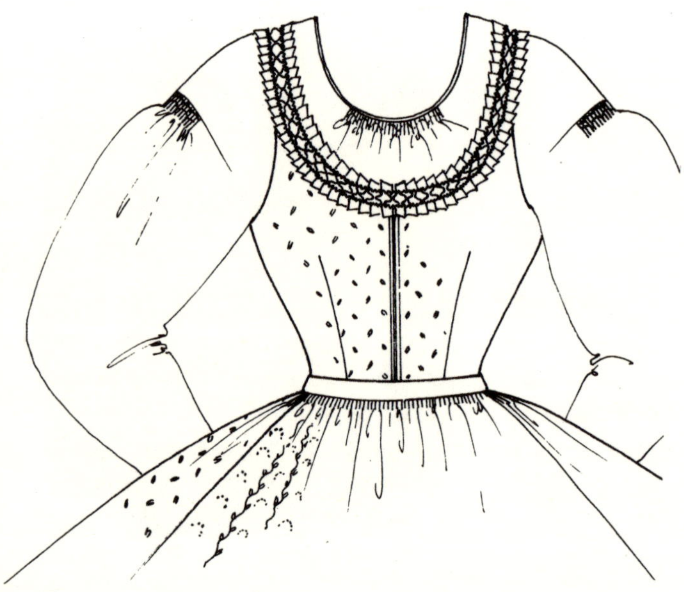

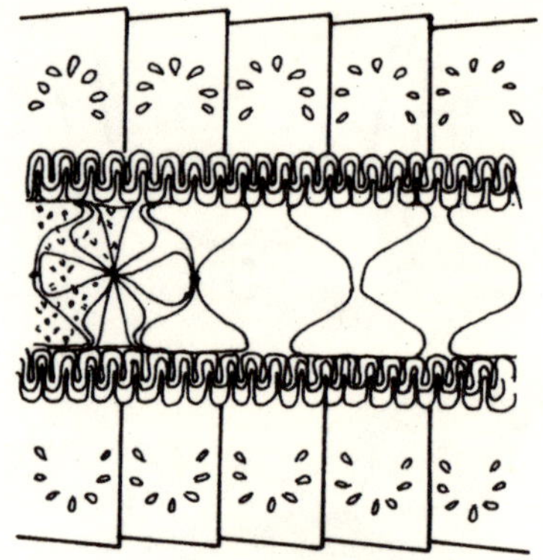

Material:	Reinseide, Seidenbrokat
Farbe des Kleides:	Dunkelgrau, braun, dunkelrot, auch violett, seltener grün (für Brautkleider hellere Farben)
Farbe der Schürze:	Blau, silbergrau, schwarz, auch lila (glatt oder gestreift)
Länge:	Gut wadenlang bis bodenlang
Verschluß:	Hafteln
Auszier:	Fältchen-, Borten- und Rüschenbesatz in zwei Farben (Fältchen, auch Schößerlfutter, aus dem Schürzenstoff oder aus glatter, zur Rosettenrüsche kontrastierender Seide); Borte in Kleid- oder Schürzenfarbe, Hohlfaltenschößerl (Fragment)
Ergänzung:	Fransenloses Tuch in Kontrastfarbe zum Kleid ringsum in den Ausschnitt eingesteckt
Überkleidung:	Rüschenspenser aus der Seide des Gewandes oder aus feinem, dunklem Lodentuch bzw. Wollstoff, auch pelzbesetzte, kurze Joppe („Pelzl“)
Kopfbedeckung:	„Bodenhäubchen“ für Mädchen, Brautkrönchen, Goldspitz- oder Goldhaube

Tafel 17

1 Stainz - Festtracht

2 Stainz - Spenser

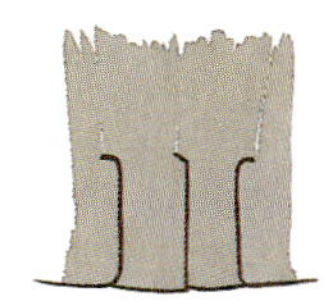

3 Stubalmgebiet-Hirschegg
Anzug

4 Rosenkogel-Reinischkogel
Röckl

5 Voitsberg - Sonntagsrock

1 Stainzer Familie

2 Wildoner Musikanten

12. Südsteiermark - Steirisches Unterland

Unser gegenwärtiges steirisches Unterland wird aus den Bezirken Leibnitz und Radkersburg gebildet. Bei der Wiederbelebung der Trachten sind die Alltagstrachten zum Teil aus den Rand- oder Nachbargebieten hereingenommen, die Festtrachten nach musealen Stücken erneuert worden.

Tafel 19, Abb. 1

Gerichtsbezirk Wildon, Alltagstracht

Nach dem Bild einer Kellnerin in Wildon von etwa 1860 — sie stammte eher aus der Umgebung des Ortes — wurde diese Tracht 1973 für die Wildonerinnen erneuert. So bezieht sich diese besondere Tracht auch nicht allein auf den Marktort, sondern auch auf Hügel und Täler seines ganzen Umlandes.

Material:	Waschstoff (Baumwolle bedruckt)
Farbe des Leibkittels:	Braun oder blau, auch grün; gemustert
Farbe der Schürze:	Blau, braun oder lila
Länge:	Wadenlang
Verschluß:	Hafteln
Auszier:	Mittelteil des Leibchens (Vorderteil) mit farblich abstechendem, gesteppten Einsatz getupft oder einfärbig; (das Original war rot) und Kittelbeleg aus dem Einsatzstoff
Variante:	Eine sogenannte „Ausgehtracht“ aus Seiden- oder Wollbrokat in Braun- und Rottönen, auch dunkelblau, mit Stepp- und Schnurverzierung auf dem oberen, eingenähten Latzteil

Tafel 21, Mitte

Wildon—Leibnitz, Festtracht

Beseelt durch die Tatkraft trachtennähkundiger Damen in Wildon (Innerhofer, Lechner) wurde diese Tracht in zwei Varianten (Wildon—Graz) schon 1973 erneuert. Sie hat aber nicht nur für den Gerichts- und Marktort Wildon, sondern auch für den Bezirk Leibnitz Geltungswert.

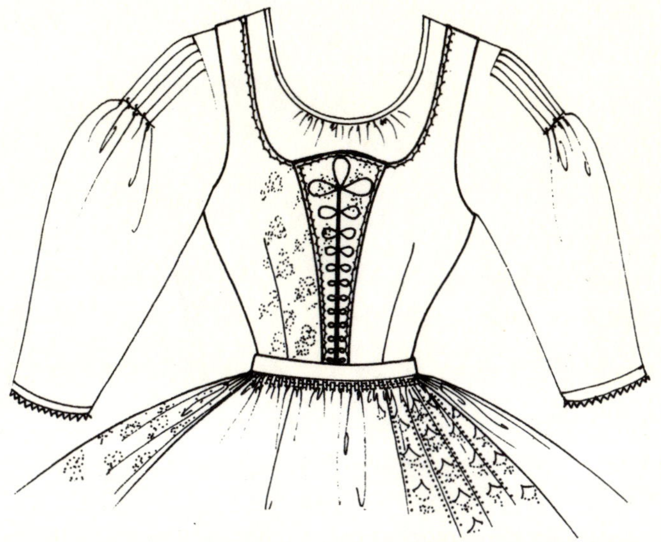

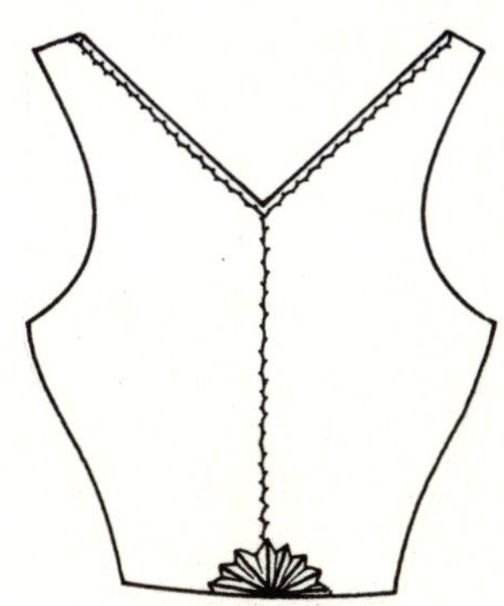

Material:	Brokatseide, bestickte Reinseide oder: Leibchen: Seide, Kittel: Wollstoff
Farbe des Kleides:	Grün- und Brauntöne, auch blau, allenfalls dunkelrot
Farbe der Schürze:	Schwarz, blau, auch silbergrau
Länge:	Wadenlang; bodenlang in Reinseide (Fest- und Brauttracht)

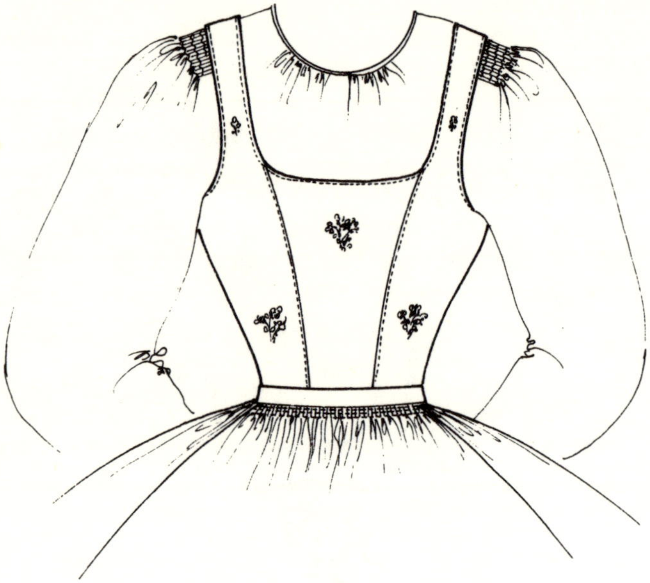

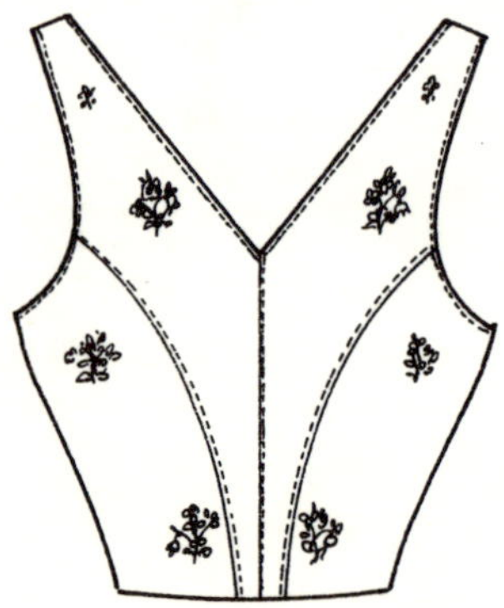

Tafel 22, rechts

Pelzbesetzter Spenser („Pelzl")

Dunkle Spenser aus Tuch oder Loden, pelzgefüttert oder mit Pelz schmal verbrämt, gab es in der 1. Hälfte des 19. Jahrhunderts — von Graz und Leoben ausgehend — in den Städten und Märkten des Mur- und Mürzgebietes und des östlichen und südlichen Grenzlandes, auch in Wildon. Als Ergänzung zur dortigen Festtracht wurde daher der auch zu anderen „bürgerlichen" Festtrachten passende Schößlspenser erneuert.

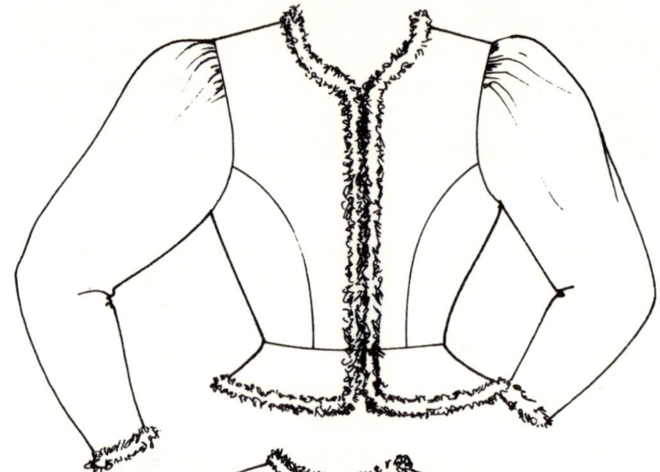

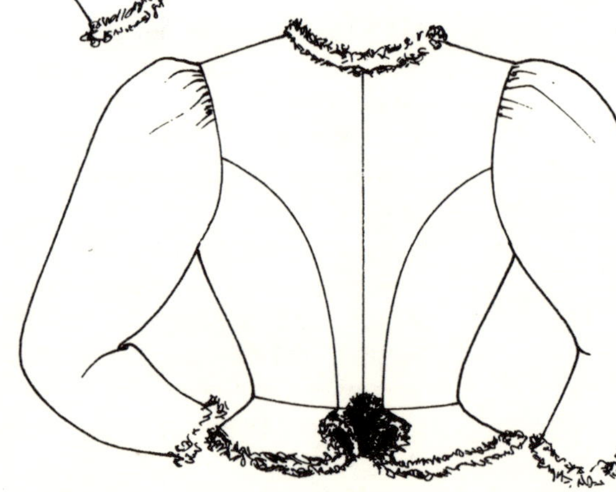

Verschluß:	Hafteln, Latz (2 Varianten)
Auszier:	Gestickte Zierleiste oder Borte, Latz bestickt; bei Knöchel- oder Bodenlänge Leibchen ganz bestickt
Ergänzung:	Fransenloses Seidentuch kann ringsum in den Ausschnitt eingesteckt werden (Kontrastfarbe)
Übergewand:	Spenser mit Samtbesatz (weststeirische Form) oder Pelzverbrämung („Pelzl")
Variante:	**„Leibnitzer Festtracht"** aus Reinseidentaft mit besticktem Leibchen, zarte Vorstiche um Ausschnitt und breiten Latz

Material:	Tuch, feiner Loden, Wollstoff, Samt
Farbe des Spensers:	Braun, schwarz, dunkelgrün, abgestimmt auf die Farbe des Gewandes
Länge:	Mit angesetztem Schößl nur wenig unter die Taille reichend
Verschluß:	Hafteln

Auszier:	Pelzeinfassung an allen Kanten (Rotfuchs, Bisamwamme, Nerzschleifchen, Kanin), Schößl am Rücken geschwungen aufstehend
Ergänzung:	Trachtentuch im kleinen runden Ausschnitt; allenfalls Drahtl- oder Goldspitzhaube

Sulmtal, Alltagstracht

Aus der Gegend um Schwanberg, aber auch aus dem Raume Gleinstätten kam der Brustfleck, der —nun mit Knöpfen statt der einfachen Bänder an den Kittel angenäht — zum erneuerten **„Sulmtaler Dirndl“** wurde.

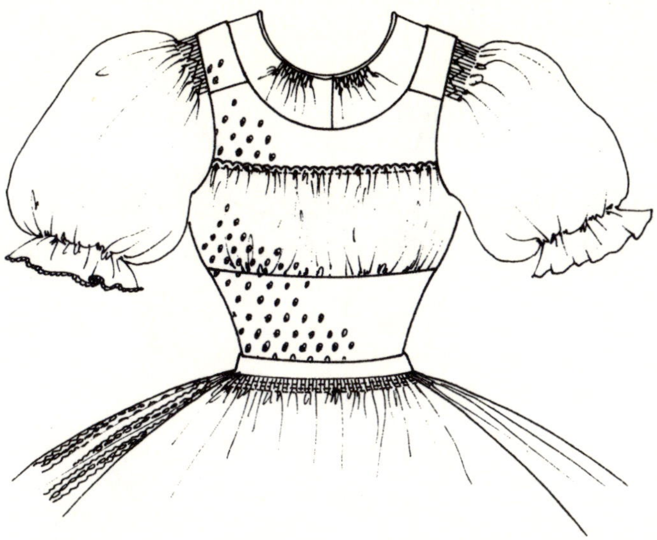

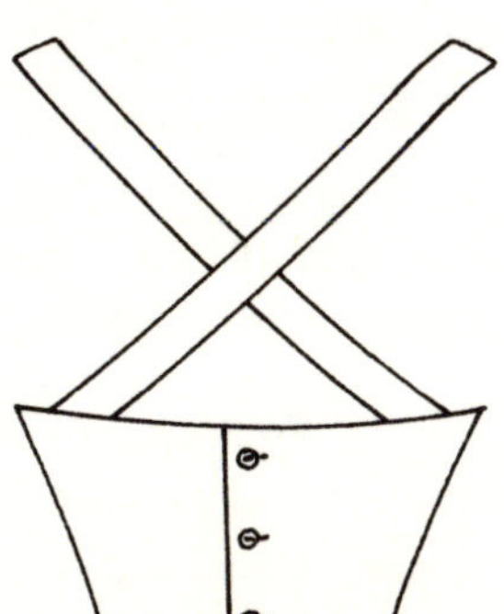

Material:	Waschstoff (Baumwolle)
Farbe des Leibchens:	Hell bis dunkelrot mit Streumuster
Farbe des Kittels:	Blaudruck mit Streifenmuster
Farbe der Schürze:	Einfärbig blau
Länge:	Wadenlang
Verschluß:	Weiße Knöpfe (drei bis vier) am Rücken
Auszier:	Froschgöscherln am gezogenen Brustteil, rotes „Kittelblech“
Hemd (Bluse):	Länger als sonst üblich, allenfalls mit angenähtem Unterrock
Überkleidung:	Einfarbiges Trachtenjackerl, gestrickt, Loden- oder Wollstoffjoppe

Tafel 20, links

Sulmtal, Festtracht

Bildmaterial und museale Stücke von etwa 1810 — 1830 gaben die Richtlinien für die Erneuerung dieser Festtracht. Sie hat weit über die Talschaften der Sulm hinaus im Bezirk Leibnitz Geltung.

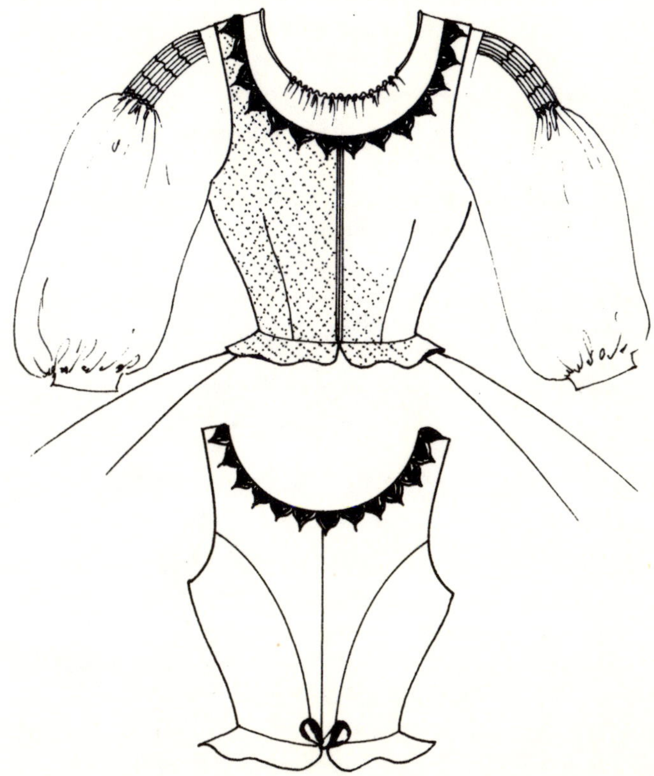

Material:	Seidenbrokat oder Wollstoff
Farbe des Kleides:	Weinrot, braun, dunkelblau
Farbe der Schürze:	Blau, schwarz bis braun, auch silbergrau
Länge:	Aus Seide knöchellang bis wadenlang, aus Wollstoff wadenlang
Verschluß:	Hafteln
Auszier:	In Zacken gezogene Rüsche und Schößerlfutter aus Schürzenseide (einfärbig)
Ergänzung:	Überlieferungsgetreu kann in den Ausschnitt ringsum ein Tuch in Kontrastfarbe eingesteckt werden
Überkleidung:	Seidenspenser (Stoff des Kleides) oder Wollstoff- bzw. Tuchspenser; „Pelzl".
Kopfbedeckung:	Bodenhäubchen, darüber — wenn vorhanden — breitkrempiger, gefütteter „Sulmtaler Hut" (Stroh); Drahtl- oder Goldhaube (Leibnitz)

Steirisches Weinland, Alltagstracht

Aus dem steirischen Unterland stammt die Bildvorlage mit einer fleißigen Winzerin, die dem Erneuerungsvorschlag von 1958 zu Grunde lag. Die Tracht wurde als **„Winzerdirndl"** bald bekannt und sehr beliebt. Sie wird im Grundschnitt gearbeitet.

Material:	Waschstoff Leibchen: Baumwolleinen oder Leinen Kittel: Baumwolle bedruckt
Farbe des Leibchens:	Ungemustert, alle Farben
Farbe des Kittels:	Gestreift, auch geblumt oder getupft, in Farbenkontrast zum Leib
Farbe der Schürze:	Blau, grau, auch violett oder schwarz, gemustert bzw. gestreift in Formenkontrast zum Kittel
Länge:	Wadenlang
Verschluß:	Hafteln

Auszier:	Formblende aus dem Leibchenstoff

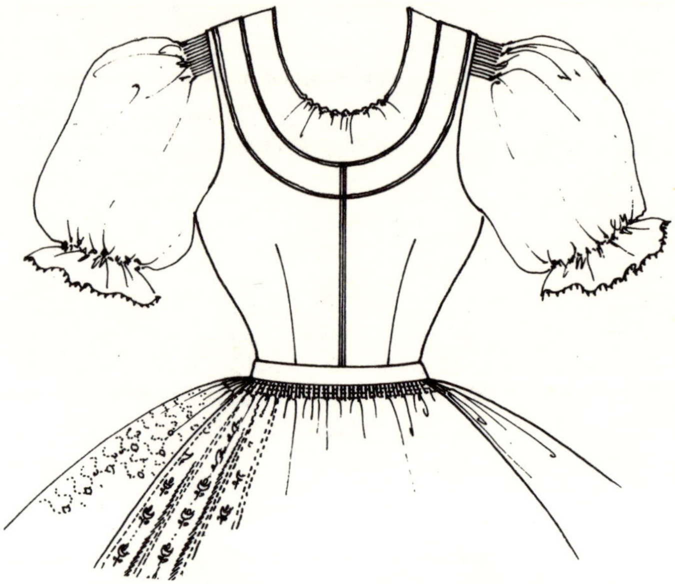

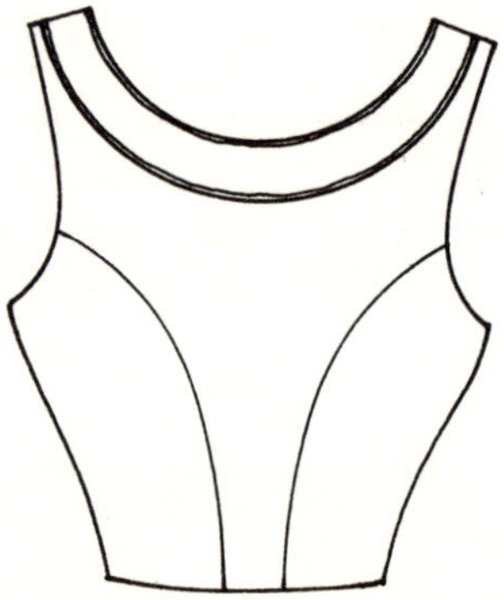

Tafel 19, Abb. 2

Unteres Murgebiet, Sonntagstracht

Aus dem Alltagskleid der Winzerin oder Weinbäuerin wurde durch Verbesserung des Stoffes das sogenannte **„festliche Winzerdirndl"**, das sich durch schlichte Vornehmheit auszeichnet.

Material:	Wollstoff, Wollbrokat
Farbe des Leibkittels:	Alle dunklen oder satten Farben
Farbe der Schürze:	Blau, schwarz, grau; allenfalls violett

Länge:	Wadenlang
Verschluß:	Hafteln
Auszier:	Formblende aus Duchesse oder Formblende aus dem Kleidstoff, in gleicher Farbe passepoliert mit Duchesse oder Seide
Ergänzung:	Ringsum eingestecktes Seidentuch in Kontrastfarbe zum Kleid (blau zu rot usw.)
Kopfbedeckung:	Bodenhäubchen (Mädchen), Drahtlhaube (Frau)
Überkleidung:	Wollstoff-, Loden- oder Samtspenser in der Farbe des Gewandes („Murecker Spenser")

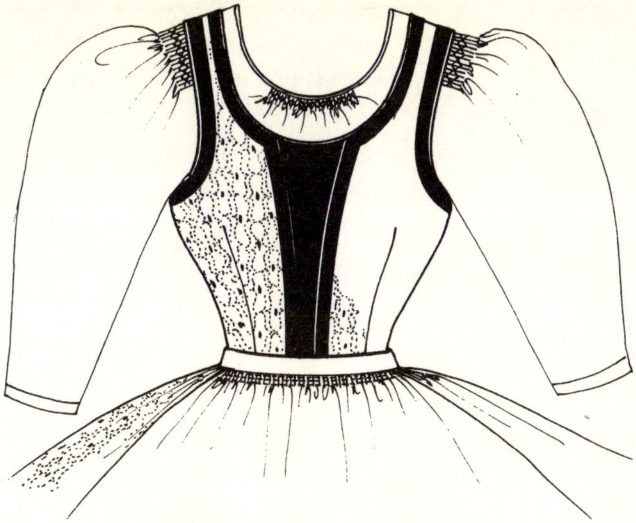

Tafel 21, rechts

Radkersburg, Festtracht

Nach einem noblen bürgerlichen Seidenleibchen mit Latz und Verschnürung vom Ende des 18. Jahrhunderts, für die genaue Aufnahme zur Verfügung gestellt von der langjährigen Betreuerin des Museums der Stadt Radkersburg, Burgi Huiber, wurde diese Tracht 1958 von Sylvia Dollinger, Graz-Ramsau, erneuert. Sie hat für den ganzen Bezirk Geltung.

Material:	Brokatseide
Farbe des Kleides:	Grün, blau, auch rot und braun (gedämpfte Tönungen)
Farbe der Schürze:	Schwarz, blau, auch violett, silbergrau
Länge:	Waden- bis bodenlang
Verschluß:	Hafteln, Latz
Auszier:	Samtstreifenbesatz an Halsausschnitt, Latz und Rückenteil
Ergänzung:	Seidentuch in Kontrastfarbe zum Gewand, ringsum eingesteckt in den Ausschnitt
Kopfbedeckung:	Goldspitzhaube, „Marburger Goldhaube"
Überkleidung:	Spenser aus Brokatseide oder Samt, farblich abgestimmt auf das Kleid, in Murecker Form

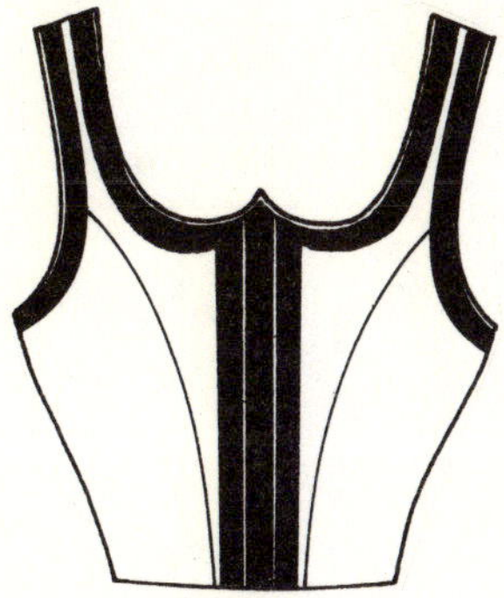

Steirisches Unterland, Spenser

Ein vornehmer Spenser aus dem Bürgerhause Schütz in **Mureck,** ungefähr gleich alt wie das Radkersburger Miederleibchen, bot die Grundlage für diese erneuerte Spenserform, die zu manchem Festkleid paßt.

Material:	Brokatseide, Samt, Tuch
Farbe des Spensers:	Gleichfarbig oder Ton in Ton mit dem Gewand (dunkler)
Länge:	Angeschnittenes oder angesetztes, glockiges Schößchen, nur wenig unter die Taille reichend
Auszier:	Gewellte Formblende aus Seide oder quer genommenem Samt (abstechender „Strich") mit Posamenterieborten- oder Litzenbesatz, dasselbe am Ärmel

Ergänzung: Ein seidenes Trachtentuch (fransenlos) in kontrastierender Farbe gehört ringsum in den Ausschnitt eingesteckt

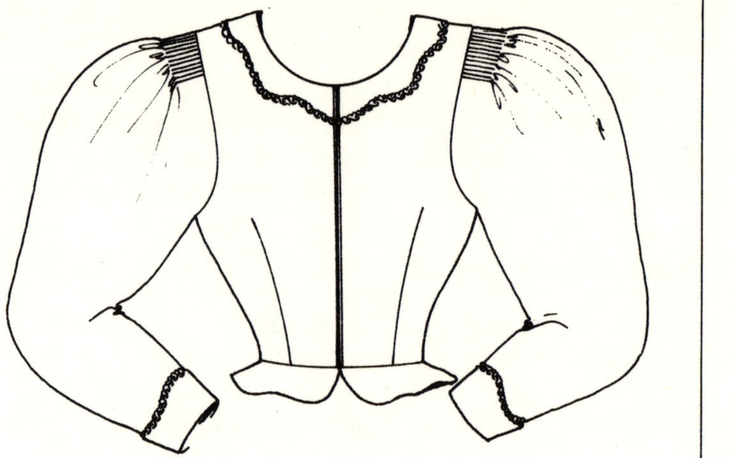

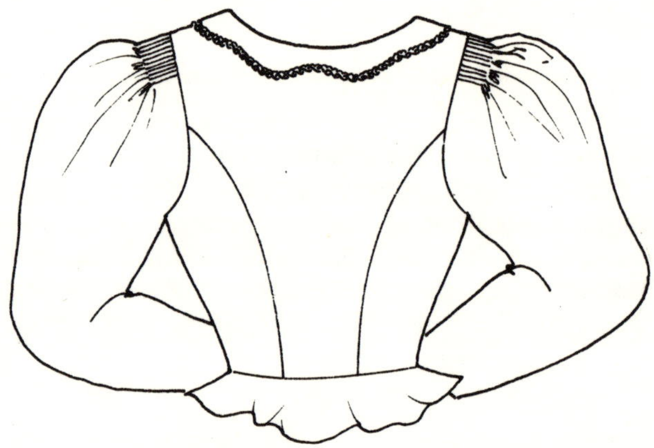

13. Steirische Festkleider

Im ganzen Land, oder zumindest in weiten Teilen davon, sind die nachfolgenden festlichen Gewänder üblich.

Abb.

Festlicher Leibkittel

Schnitt und Machart entsprechen der „Kainachtaler Sonntagstracht“.

Material:	Seidenbrokat oder feiner Wollstoff
Farbe des Kleides:	Alle nicht zu grellen Farben, als Brautkleid auch pastellfarben
Farbe der Schürze:	Blau, schwarz, silbergrau, auch lila oder braun
Länge:	Waden- bis bodenlang (Brautkleid)
Verschluß:	Hafteln
Auszier:	Rüsche, auch mehrteilig, aus dem Kleidstoff
Ergänzung:	Seidenes Trachtentuch, in Kontrastfarbe zum Kleid, ringsum in den Ausschnitt eingesteckt

Tafel 24, Abb. 1; Tafel 25, links

Obersteirische Festtracht

Auf Bildern von Kammermalern Erzherzog Johanns, auf denen „Almerinnen“ im Ausseerland, im Ennstal und im Hochschwabgebiet, aber auch Bürgerstöchter aus Bad Aussee abgebildet sind, wird das Halstuch vorne durch ein Ringlein gezogen und die beiden Enden in den Ausschnitt gesteckt. Auch Anna Plochl trug es so zu ihrer stark modisch beeinflußten „Tracht“. An deren Stelle wählen wir einen zeitgemäßen festlichen Leibkittel, bleiben aber bei den überlieferten Farben.

Material:	Seidenbrokat
Farbe des Leibkittels:	Grün (nicht zu hell) oder Rottöne
Farbe der Schürze:	Blau, blaugrau, grau in zartem Streifenmuster
Länge:	Waden- bis knöchellang
Verschluß:	Hafteln
Auszier:	Schmale (bortenartige) Rüsche etwas entfernt vom Halsausschnitt; fransenloses Halstuch (Ausseer Handdruck) in harmonischem Farbkontrast zum Kleid durch einen Ring (Trachtenschmuck) gezogen, Enden in den Ausschnitt gesteckt
Ergänzung:	„Hemd“ (Bluse) mit Lang- oder Dreiviertelarm, Steh-Umlegbündchen mit schmaler Spitze

Hochgeschlossenes Bürgerkleid

Aus bürgerlichen Spenserformen der Biedermeierzeit (um 1840), mit dem Kittel zusammengenäht, entstand diese Form des Bürgerkleides.

Material:	Seidenbrokat oder Wollbrokat bzw. feiner Wollstoff
Farbe des Ärmelgewandes:	Dunkle oder gedeckte Farben
Farbe der Schürze:	Blau, schwarz, silbergrau, auch violett

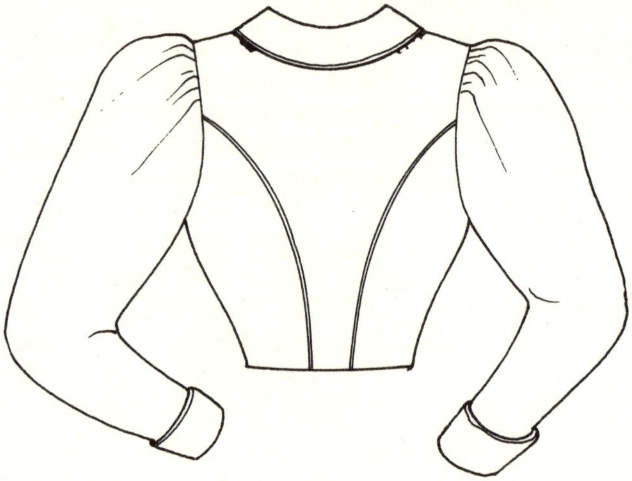

Länge:	Aus Wollstoff: Wadenlang Aus Seide: Waden- bis knöchellang
Verschluß:	Hafteln
Auszier:	Kragenähnlicher Besatz; in den spitzen Ausschnitt eingestecktes, kleines Seidentuch in Kontrastfarbe
Kopfbedeckung:	Drahtl- oder Goldhaube (zum Seidengewand)

Hochgeschlossener Seidenspenser

Als Ergänzung zur festlichen Brauttracht ist dieser joppenartige Spenser, dessen Vorbild ein obersteirischer Hochzeitsspenser war, gedacht. Mit Seidenkittel aus dem gleichen Material und gleichfarbig zusammengenäht und mit Schürze versehen (z. B. aus Tüll), könnte er auch zum Bürgerkleid werden.

Material:	Seide, Seidenbrokat
Farbe des Spensers:	Zum Brautgewand (seidener Leibkittel) in hellen Farben, sonst dunkler in allen Farben
Länge:	Nur wenig über die Taille hinunter reichend
Verschluß:	Gepreßte Stoffknöpfe
Auszier:	Posamenterieborten- und Perlenstickerei, Ton in Ton mit dem Stoff; Rückenschößel

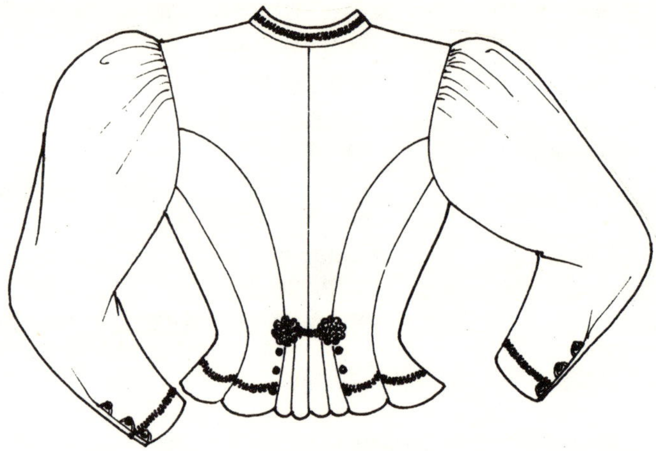

Tafel 25, Mitte

Altsteirergewand

Liebhaber historischer Trachten schätzen das sogenannte „Altsteirergewand", das auf die ländliche Empirekleidung (1810—1830) zurückgeht. Als Festkleid für kleine Mädchen ist es zugleich hübsch und praktisch, weil hier der lange Kittel — zum kurzen Seidenleibchen — aus Baumwollstoff bestehen darf und soll. Die Auszier für erwachsene Mädchen und Frauen gleicht der bei der weststeirischen sogenannten „Mooskirchner" Festtracht, so daß sich hier eine Zeichnung erübrigt. Für kleine Mädchen genügt eine einfache Rüsche um den Ausschnitt. Das Streifenmuster des Kittels ist in Leoben und westlich Graz bezeugt.

Material:	Leibchen: Seidenbrokat Kittel: Baumwolle gewebt oder bedruckt
Farbe des Leibchens:	Dunkle Farben (für Kinder auch heller)
Farbe des Kittels:	Weißgrundig gestreift; Farbkontrast zum Leibchen.
Farbe der Schürze:	Blau; allenfalls lila (lavendelblau)
Länge des Leibchens:	Kurz (bis unter die Brust gehend), „Übertritt“ über Kittel
Länge des Kittels:	Knöchellang
Auszier:	Aufgenähte Kragenblende mit Fältchen- oder Rüschenvorstoß, im Rücken „Fächer“ (aufstehende Schößerlfalten); Seidentuch in Kontrastfarbe im Ausschnitt ringsum eingesteckt
Überkleidung:	Kurzer Seiden- oder Wollstoffspenser mit Rüsche
Kopfbedeckung:	Bodenhäubchen (Mädchen); Drahtl- oder Goldspitzhaube (Frauen), Brautkrönlein zur Hochzeitstracht

Steirisches Bürgerkleid

Schon Anfang der dreißiger Jahre entstand, gefördert durch die Familien Geramb und Meran, durch feste Verbindung von Spenser und Kittel diese so beliebte Form.

Material:	Brokatseide
Farbe des Ärmelgewandes:	Alle nicht grellen Farben von dunkel bis pastell (Brautkleid)
Farbe der Schürze:	Blau, grau, lila, sandfarben, auch schwarz, bei Spitzleibform ohne Schürze
Länge:	Waden- bis bodenlang
Verschluß:	Hafteln, Preßknöpfe am Ärmel

Auszier:	Kunstvolle Rüsche, allenfalls Perlen
Ergänzung:	Seidentuch in zum Gewand abstechender Farbe, wenn auch zart getönt, ist ringsum in den Ausschnitt einzustecken
Übergewand:	Gehäkelter Umhang, in Dreiecksform gelegt, aus silbergrauer, beiger, brauner oder schwarzer Wolle

14. Wintertrachten, Trachtenmäntel

„Winterdirndln"

In der Überlieferung besteht die weibliche Wintertracht aus Wollstoff- oder Barchent-Leibkittel mit darüber getragener Joppe aus dem gleichen Stoff. Durch Zusammennähen von Joppe und Kittel entstand das „Winterdirndl". Außer den aus der Obersteiermark kommenden Formen kann fast jedes hochgeschlossene Leibchen, mit Ärmeln und Kittel versehen, zum Winterdirndl werden, z. B. die weststeirischen Leibkittel aus Geisttal oder Wildbach.

Der fehlende Trachtenmantel wurde hier gestrichen bzw. Beschreibung auf Seite 27 vorverlegt.

Der „Hubertusmantel"

Aus grünem Strichloden oder aus grauem Loden, allenfalls mit grünem Kragen, eher zur Alltags-bzw. Wintertracht als zur Frauen-Festtracht passend.

Der Wetterfleck

wird im Kapitel „Die steirische Frauen- und Mädchentracht" besprochen.

Frauenmantel mit Pelerine

Die aus der weiblichen Biedermeiermode bekannte Mantelform ist als Jägerbekleidung um 1860 beispielsweise im Revier Waldstein bei Peggau bezeugt und wurde als „bürgerlicher" Männermantel noch in unserem Jahrhundert im Steirischen Ennstal getragen. Als Frauenmantel dürfte er auch im Winter (mit abnehmbarem „Kutscherkragen") gute Dienste leisten.

Material:	Guter Loden, Samt für Kragen
Farbe des Mantels:	Dunkelgrün, oliv, dunkelbraun; allenfalls schwarz
Farbe der Pelerine:	Gleichfarbig wie Mantel (abnehmbar, angeknöpft unter dem Kragen)

Länge:	Gut wadenlang
Verschluß:	Steinnuß- oder Hornknöpfe
Auszier:	Samtkragen (Ton in Ton, eher dunkler als Mantel) mit Posamenterieborte besetzt, ebenso die Lodenpelerine
Kopfbedeckung:	Frauen-Ausseerhut nur zum grünen Mantel, zum braunen schwarzer, flacher „Reindlhut“ oder Otternfellkappe („Öhrlhaube“) in überlieferter Form

Siehe auch den **Männermantel mit Stehkragen,** der auch als Frauenmantel gearbeitet werden könnte.

Steirische Winterjoppe

Diese Pelzjoppe wurde schon um 1935 in Anlehnung an Ausseer und Ennstaler Winterröcke entwickelt.

Material:	Tuch oder Loden
Farbe der Joppe:	Flaschengrün, dunkelgrün
Länge:	Hüftlang
Verschluß:	Schwarze Hornknöpfe oder ähnliches Material
Auszier:	Schwarze Lammfellverbrämung an Kanten, Ärmelenden und Stehkragen, Lammfellausschläge; Lammfell-, Kaninchen- oder Wollstoffutter
Kopfbedeckung:	„Ausseerhut“ in weiblicher Abwandlung

Zu weiteren Formen der Überkleidung siehe den Abschnitt A/9.

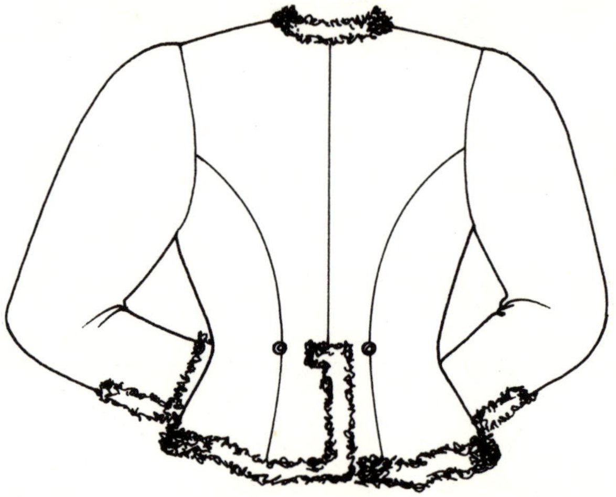

Tafel 19

1 Wildon - Alltagstracht

2 Unteres Murgebiet - Sonntagstracht

3 Wildon - Festanzug

4 Sulmtal-Leibnitz - Weinbauernrock

Richtlinien für die steirische Frauentracht

Trachtlich richtig

Grundsätzliches: Auswahl der Tracht zumindest aus dem heimatlichen Großraum (z. B. oberes Murgebiet, Oststeiermark, Weststeiermark) oder im ganzen Land gültige Tracht.

Schnitt und Farben in Übereinstimmung mit Figur, Haar- und Gesichtsfarbe der Trägerin, Muster von Leib, Kittel und Schürze im Kontrast, auch in Farben (z. B. karierter Leib, geblumter Kittel oder glatte Schürze) oder gemusterter Schürze, Streifen immer senkrecht (bei Kittel oder Schürze), oder gemusterter Seidenleib, glatter Wollkittel, gestreifte Schürze.

Gruppenbekleidung: Verschiedene Farbzusammenstellungen bei gleichem Schnitt (allgemein steirisch oder aus dem heimatlichen Umkreis) verschiedene Schnitte aus der gleichen Gegend; Altersstufen in der Farbstellung unterscheiden; traditionelle Kopfbedekkungen (z. B. Goldspitzhauben).

Leibkittel: Stoffe einfarbig oder kleingemustert, zarte Stickerei (auf Festtracht), schmal längsgestreift (Kittel), dezenter Ausschnitt, rund; Trägerleibl auch eckig, zarte Perlenstickerei (auf Festtrachten), Kontraste von Leibl, Kittel und Schürze; auch Leibl und Kittel aus einem Stoff.

Knöpfe: klein, schlicht, z. B. aus Perlmutter, Steinnuß, schwarze „Talarknöpfe", echte Silberknöpfe zur Festtracht.

Schürze: blau, schwarz, grau, lila, dunkelbraun; ungemustert, zart gemustert oder längsgestreift, bestickte Tüll- oder Musselineschürze zu Bürgerkleid; Bänder hinten gebunden, lang herabhängend.

Bluse (Hemd): dichte weiße Stoffe (allenfalls naturfarbig); Kimono- oder fallende Ärmel; Auszier in Kreuzstich oder Smok, runder Ausschnitt.

Halstuch: Seide mit oder ohne Langfransen, stilisierte Webmuster oder Handdruck; entweder vorne **und** hinten über das Leibchen fallend (an den Enden unten zusammengefaßt) oder vorne **und** hinten in den Leibchenausschnitt eingesteckt (bei allen Leibchen mit Ausschnittverzierung).

Trachtlich unrichtig

Grundsätzliches: Tracht aus weit entfernten Landesteilen (z. B. „Wechselgau-Dirndl" in Murau, „Mürztaler" in Deutschlandsberg); ortsgebundene Schnitte oder Farben, die der Trägerin schlecht stehen; gleiche Muster in verschiedenen Farben bei Leib, Kittel, Schürze; gleiche Farbe bei verschiedener Musterung von Leib und Kittel (einige Festtrachten ausgenommen); gestreifter Leib, Rüschen bei Waschstoffdirndln; bodenlange Waschstoffdirndln.

Gruppenkleidung: Uniformierung in Schnitt und Farbe (auch gleiche Perl-oder Flitterstickerei auf Festtrachten und Hauben); zur Tracht nicht passende Kopfbedeckungen; aufgestickte Vereinsembleme.

Leibkittel: Gleißende Kunstseide; vielfarbige Muster, breite Streifen, Querbordüren; Doppelbogen- oder Trapezausschnitt, zu tiefer Ausschnitt („busenfrei"), Brustverschnürung, plumpe oder zu gleißende Perlenzier; Kittel glockig oder in Falten gelegt; „Trachtenlook" (Rock mit „Spenser"); Reißverschluß; Blechknöpfe; naturalistische Muster (z. B. Alpenblumen) oder Wappen.

Schürze: Rot, rosa, gelb, gold, weiß und grün; Seide zu Waschstoff (Ausnahme: Ausseer Dirndl), Spitzen- oder Samtschürze, große Muster, Querstreifen, Metallschließen, vorne gebunden.

Bluse (Hemd): Durchsichtige oder farbige Stoffe, eckiger Ausschnitt, breiter Spitzeneinsatz oder Besatz bei Ärmeln und Ausschnitt, breiter Volant an glatten Ärmeln.

Halstuch: Kunstseide, naturalistische Muster (z. B. Alpenblumen); hinten über den Ausschnitt fallend und dabei vorne in das Leibchen eingesteckt; breit über die Achseln fallend („Zigeunerlook"), den verzierenden Ausschnitt der Sonntags- oder Festtracht verdeckend.

Schmuck: Silber, stilisierte Muster; zur Festtracht auch Gold- und Granatschmuck.

Strümpfe: Wolle, Garn, Kunstfaser; weiß, hell- bis dunkelblau, grau, lavendelblau bis lila; landschaftsgebunden (Weststeiermark) auch weinrot; grau oder grün zu Kostümen.

Schuhe: schwarz mit niedrigem oder halbhohem Absatz, mit oder ohne Schnalle; geschlossener Schlüpfer.

Kopfbedeckung: zur Festtracht Frauenhaube für Frauen, Bodenhaube für Mädchen, Strohhüte (Alltagstracht), gefüttert zu landschaftlicher Sonntagstracht; „Murtaler Reindl"; schwarzes Seidenkopftuch (z. B. zu Ausseer Gewand oder Mürztaler Tracht).

Überkleider: Spenser aus Seide, Tuch, Samt; Joppe aus Loden, Tuch oder Samt; Strickweste in natur oder dunklerer Farbe, auch schwarz oder grün; grüner oder grauer, auch brauner Lodenmantel, Wetterfleck, Dreiecktuch aus Wolle (dunkel oder silbergrau, auch bräunlich).

Taschen: Flechtarbeiten, Stoffbeutel (Leinen oder Stoff der Festtracht, Samt), Wild- oder Rauhleder.

Schmuck: Nachbildungen aus minderwertigem Material, Hirschhorn, Almblumen in Glas gefaßt oder naturalistisch dargestellt.

Strümpfe: Durchsichtig, glänzend; rosa, rot (außer weinrot zur weststeirischen Alltagstracht); Sockerln.

Schuhe: Farbig oder weiß (Ausnahme bei Hochzeitskleidern); modische Form (z. B. Zehen- oder fersenfreie Form, zu hoher Absatz).

Kopfbedeckung: Modische Kopftücher und Hüte im „Trachtenlook"; unsteirische Haubenformen; Goldspitzhaube zu unfestlicher Tracht; gleißender unechter Flitter auf Hauben.

Überkleider: Rot und grün oder nur rot eingefaßte Strickjäckchen, grellrote oder buntbestickte Strickwesten, modische Jacken, Stola aus Lurexstoffen oder grellen glänzenden Stoffen.

Taschen: Modetaschen, Plastiksäcke.

C. Die Steirische Männertracht

Hemd, Hose und Rock sind die Hauptbestandteile der Männertracht — Leinen (heute Baumwolle),Leder und Loden sind seit Urzeiten ihr Material. Die verschiedenen Ausformungen der Hose — Kurzhose, Kniebundhose, Langhose — und vor allem des Rockes — Röckl, Schoßrock u. a. — geben der einzelnen Tracht das Gepräge. Zwar gibt es auch hier mehrere Grundformen, die sich voneinander durch ihre Herkunft aus verschiedenen Stilepochen, durch den je nach Landschaft größeren oder geringeren Modeeinfluß bzw. durch den jeweiligen Zustand, an den man bei der Trachtenerneuerung angeknüpft hat, unterscheiden.

Nicht zu übersehen ist auch der Einfluß der soldatischen Uniform, der — oft über Herrschaftsjäger-und Beamtendienstkleidung — auf die Männertracht einwirkte. Andererseits hat man bei der Uniformierung der Steirischen Landwehr durch Erzherzog Johann die bestehende, praktische Volkstracht (Jägertracht) als Grundlage genommen. Fast scheint es so, als ob die Männerwelt auch heute und im „zivilen" Leben der Uniformierung nachstrebte, denn es gibt bedeutend weniger Männer- als Frauentrachten in unserem Land. Auf die bevorzugte Farbstellung Grau mit Grün, weiters über die Farben Grün und Braun in der steirischen Männertracht wird noch näher einzugehen sein.

1. Das **Hemd** ist immer langärmelig und aus dichtem (undurchsichtigem), weißem Waschstoff: Baumwolle, auch Baumwollgemisch, oder — für Männer, die das „Urmaterial" lieben und es auch zur Verfügung haben, — feines Leinen. Eine alte Hemdenform mit schmalem Umlegkragen wird in der Abb. gezeigt. Im allgemeinen genügt ein gängiges Hemd mit normalem (nicht modisch übertriebenem) Kragen.

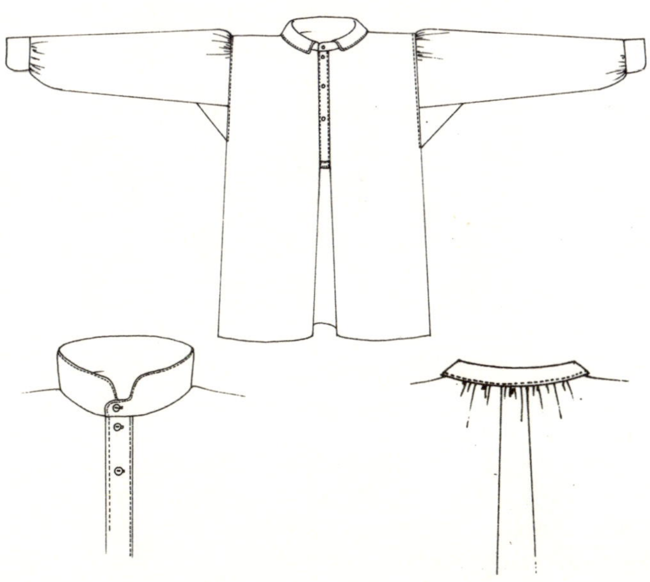

2. Die **Hose** aus Leder oder gewebtem Stoff gibt es in drei Formen:

a) Die kurze Hose ist in der Tracht immer aus heimischem Wildleder (Hirsch, Tier) in Sämischgerbung und schwarz gefärbt („geschmützt"), allenfalls auch „abgezogen", d. h. „altschwarz" gemacht, aber niemals glänzend oder grau. Diese kniefreie Hose trägt man zur Zeit am ehesten in der Obersteiermark — besonders im Ausseerland und im Ennstal. Dort reicht sie fast bis zum Knie, ist mit Latz versehen und grün ausgenäht („Latzblumen" und „Eckblumen"). Zu kurz oder aufgestrickt sollte sie auch nicht sein.

b) Die Kniebundhose aus Rauhleder vom Hirsch, vom Tier (dem weiblichen Hirsch) oder auch aus „Gamshaut" hat nach alter Art den Latzverschluß („Hosentürl") und verschiedene Ausformungen der früher weißen, jetzt grünen Ausnähzier. In Aussee gibt es beispielsweise „fünf-", „sieben-" und „neunnahtige" Hosen — je nach Fülle der Ausnäharbeit — und nur Pflanzenornamente; im Ennstal dagegen hat man auch Wildtiere eingestickt. In Bad Aussee wird die „Knia-oichi-Hosn" mit breitem Bündel („Büasl") unter dem Knie gearbeitet und mit vier schwarzen Hornknöpfen geschlossen; im Ennstal hat man nur Hirschknöpfe und meist Riemchenbindung. In der übrigen Steiermark, wo man — je nach Vermögen — nicht nur Loden- oder „Raßhosen", sondern auch Lederhosen trug, waren sie immer schon weniger oder gar nicht ausgenäht. Schwarz waren die Kniehosen —zumindest für den Feiertag — jedoch immer. Auf jeden Fall sollte die Lederhose nicht speckig und glänzend sein — aus gutem Wildleder wird sie das auch kaum. „Sie putzt sich selber", wie die Jäger sagen. — Gegen die neuere Machart der schwarzen Kniebundhose mit Schlitzverschluß, wie er in der mittleren Steiermark gang und gäbe ist, kann man grundsätzlich nichts einwenden. Die Stoff-Kniebundhose aus grauem Loden oder einem schwarzen haltbaren, „knitterarmen" Material, etwa „Fresko" (früher war es das Woll-Leinen-Gemisch „Raß"), wird am besten mit Knöpfen Schnallen oder Bändern unter dem Knie befestigt. Fustian, also Lederimitation, ist nicht sehr zu empfehlen.

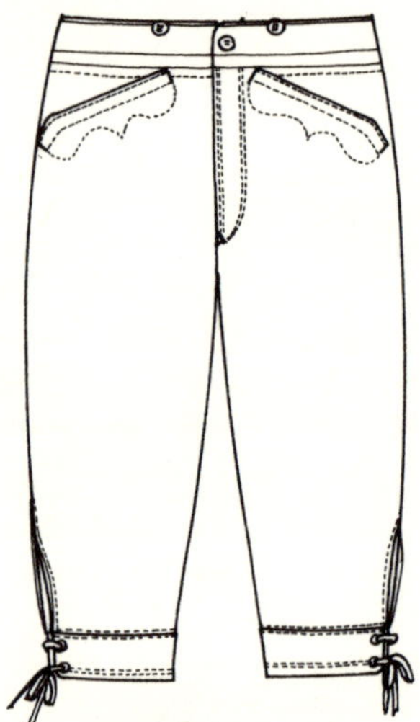

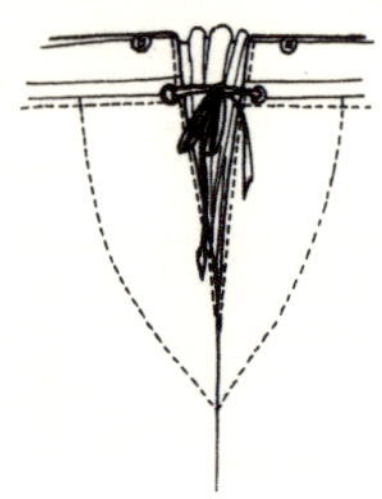

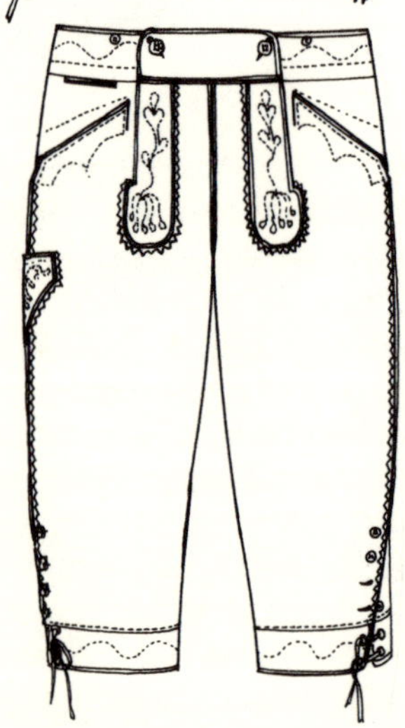

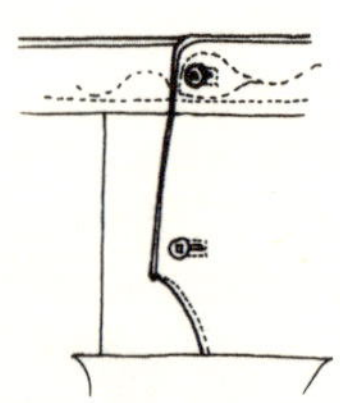

c) Die Langhose ist zum grau-grünen Rock gewöhnlich gleich grau wie dieser. Wenige Ausnahmen (südliche Weststeiermark etwa) bestätigen die Regel. Die aus den Uniformen der höheren und höchsten Offiziere kommenden Lampasstreifen, doppelt, einfach oder durch ein Passepoil („Passpul") ersetzt, haben heute keine Rangbedeutung mehr (wie sie auch in Jagdherrschaften für Förster, Jäger, Treiber üblich war), sondern werden auf die Rockform (Einbandelungsbreite, Tasche, Ärmelaufschläge) abgestimmt. Die schwarze Langhose kann aus Loden oder Kammgarn gearbeitet sein; auch Fresko ist möglich.

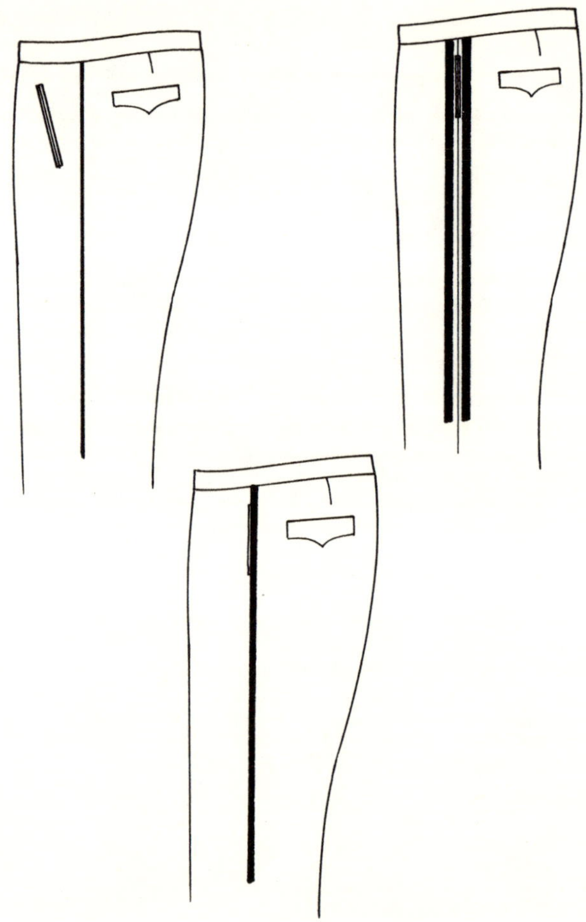

3. Der **Rock** hat die verschiedensten Grundformen. Er ist schon seit der zweiten Hälfte des vorigen Jahrhunderts kein Langrock mehr, wie der den verheirateten Männern einstmals zustehende Haftelrock, hat aber je nach Herkunft und Gebrauch verschiedene Längen. Diese hängen meist auch mit der Schnittform des Rückens zusammen.

a) Die hochgeschlossene Form mit Stehkragen und „Stehbrust“ schließt einerseits an den alten — grünen oder braunen — Haftelrock, anderseits an die um 1910 weit verbreitete Form des hochgeschlossenen grauen Steirerrocks mit kleinem grünen Umlegekragen an. Er hat passepoilierte (schmal vorstoßende) Taschenpatten und — wenn er grau-grün ist — die offene oder durch die „Spange“ zusammengehaltene Rückenfalte. Fünf Knöpfe dienen dem Verschluß.

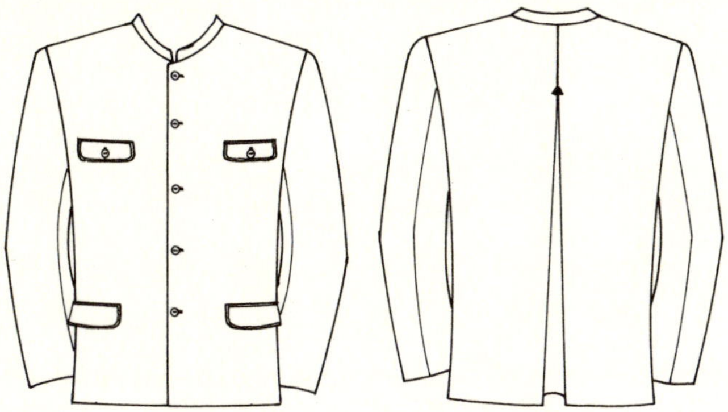

b) die häufigste Rockform ist die mit Stehkragen und Ausschlägen (Reversen). Bei Einreihigkeit hat sie meist drei Verschlußknöpfe, bei alter Doppelreihigkeit sind die Reverse kleiner und der Rock mit vier Knöpfen (manchmal mit 2 Reihen zu 4) schließbar. Der Rücken kann offen, mit Spange oder als Schößlrock gearbeitet sein. „Taschenpatten“ (Klappen) oder „Taschenstücke“ (Applikationen), manchmal auch die alten Taschenleisten sind praktisch und verschönern zugleich.

c) Die Rockform mit Umlegkragen und Ausschlägen leitet sich meist vom Biedermeierrock ab. Sie ist für mehrere feiertägliche Anzüge in verschiedenen Formen (Kragen und Reverse aus Besatztuch, mit einge-

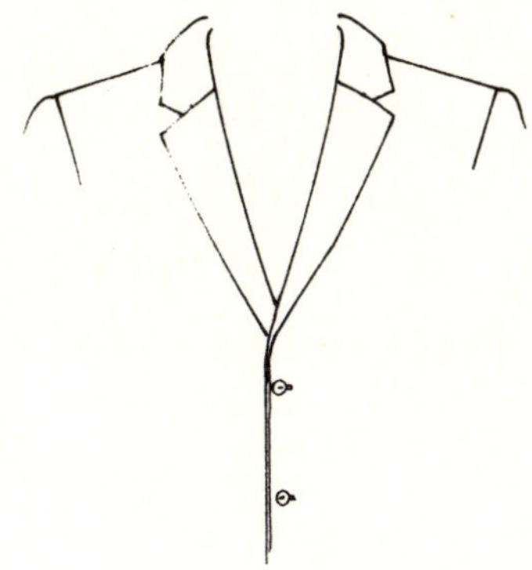

bandelten Reversen und Pattentaschen, mit schließbaren, d. h. zuklappbaren Reversen usw.) typisch. Die älteren Formen sind meist doppelreihig und als „Schlußrock“ („Schoßrock“) gearbeitet, jüngere auch einreihig. Wie immer sind mindestens drei Verschlußknöpfe bindend.

Bei der Anfertigung aller Trachtenröcke beharrt der gute Maß- und Trachtenschneider auf sorgfältiger (schmaler) Passepoilierung bzw. (breiterer) Einbandelung aller Kanten (auch des Schlitzes), bei vorgestoßener Verschlußkante auch der unteren Rockkante. Bei Röcken mit Rückenfalte(n), nicht bei denen mit Schlitz, wird das „Passpul“ auch an den beiden Seitennähten am (vernähten) kurzen „Schlitz“ vorgestoßen wie an der Unterkante der Rückenfalten. Auch die Knopflöcher werden verstürzt bzw. passepoiliert, und die Roßhaareinlage („Hänsel“) wird händisch unterheftet. Das alles gewährt gutes Aussehen, vor allem aber lange Haltbarkeit. Auch das Rückenpassepoil vom Kragen bis zur gestickten, abgesteppten oder (beim schweren Überrock) applizierten „Fliege“ und die stilisierte, kunstvolle Stepperei auf Kragen und „Taschenstücken“ (Applikationen um den Tascheneingriff) sind der Stolz des

Schneiders der Tracht und wohl auch ihres Trägers. Die Auswahl der Trachtenform wird durch die Figur des Trägers bestimmt (z. B. einreihiger Rock für stärkere Träger).

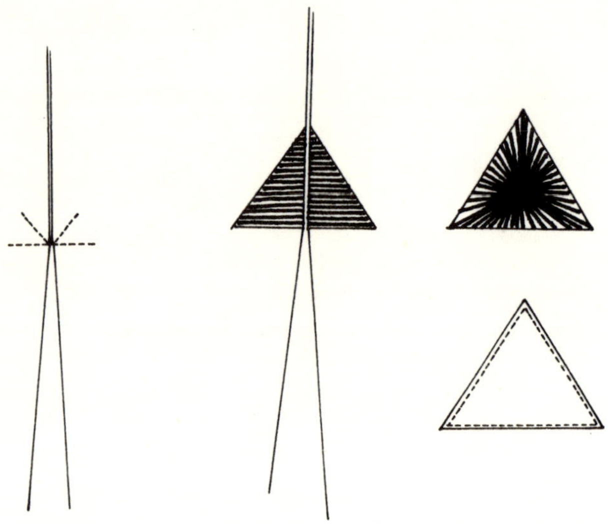

4. Die **Weste (das „Leibl")** kann verschiedene Formen haben. Auch sie sollen einigermaßen auf die Tracht, vor allem auf den Rock abgestimmt werden. Einreihige Westen mit spitzem Ausschnitt, aus grünem Tuch, schwarz-grünem Pepita (Kammgarn) oder auch aus Samt mit eingestickten Blümchen (keineswegs Alpenblumen!) passen zu allen neueren, grau-grünen Anzug-Röcken. Meist sind die dunklen Samtwesten mit zwölf oder achtzehn echten Silberknöpfen jedoch hochgeschlossen, mit kleinem „Umlegkragerl" und stilisierter Blütenstickerei. Sie sind auch zu älteren zweireihigen Röcken gut tragbar. Zu einreihigen Röcken trägt man zweireihige Westen, entweder spitz übereinandergehend oder mit Stehkragen und Reversen. Diese Westenform wie auch die einreihige mit Umlegkragen oder mit Schalkragen kann besonders gut aus farbigem Seidenbrokat hergestellt werden — als stilvolle Ergänzung zu einer alten, allenfalls erneuerten Rockform. Das — außer den kunstvoll ausgenähten Westen — im Ausseerland heimisch gewordene „Furchenleibl" (mit Stehkragen und schmalem, tiefem Ausschnitt, der am Hals mit kurzer Knopfspange zusammengehalten wird), auf ausseerisch „Spanglleibl" genannt, ist meist aus grünem Tuch und hat sechs und zwei Silberknöpfe. Zu den farbigen Westen sollte man statt der unechten Blechknöpfe besser dunkel getönte Perlmutterknöpfe oder schwarze „Talarknöpfe" nehmen.

5. Das **Krawattentuch** soll aus reiner Seide und in einem warmen Farbton gehalten sein: Rot, weinrot, rosa, violett, golden, braun ist je nach dem Farbton des Rockes und der Weste zu wählen. Zur Krawatte geschlungen oder durch einen echt silbernen Krawattenring gezogen, hellt es die gedämpfte Rockfarbe auf. In Anlehnung an die in der Biedermeierzeit üblichen schmalen seidenen Krawattentücher bzw. die weniger kostbaren Streifen der bäuerlichen Tracht des oberen Ennstales sind zu manchen Trachten auch seidene oder wollene **„Bindel“** gut vertretbar.

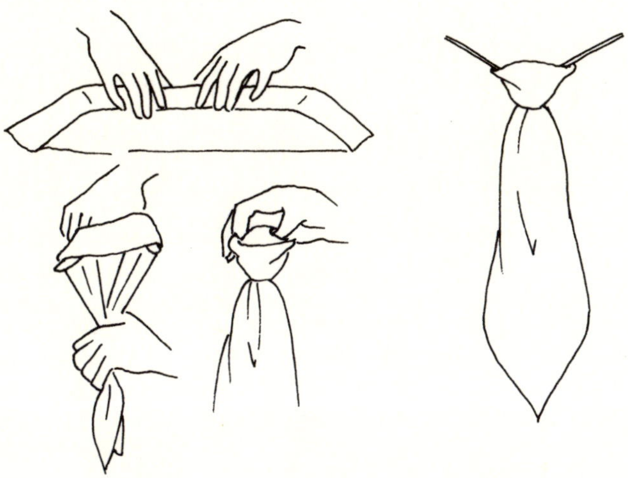

6. Der **Hosenträger,** sichtbar zur Lederhose getragen, hat auf Stramin stilisierte Ranken und Blüten, allenfalls das Monogramm eingestickt und ist in Leder (vom Handschuhmacher) gefaßt.

7. Die **Strümpfe** waren früher vielfach in einem hellen Graublau (Lavendelblau) gehalten. Immer ist die graue oder auch weißliche Naturfarbe der Schafwolle und von Jägern „ihre“ grüne Farbe getragen worden. Sie wurde indessen vielfach allgemein übernommen.

8. Die **Schuhe** sind aus schwarzem Glattleder und mit Verschnürung in einfacher, nicht allzu modischer Form gemacht. Schnallenschuhe sind nur im westlichen Enns- und oberen Murtal überliefert und passen zu historischen Trachten dieser Gegenden.

9. Die **Überkleidung** ist in der Männertracht nicht nur auf den sogenannten „Hubertusmantel“ aus grauem oder grünem Strichloden beschränkt. Ein zwar kostspieliger, aber — auf Dauer gesehen — preiswerter und sehr schöner Männermantel wird beschrieben werden. — Der Überrock aus mittelgrauem Ramsauer oder Mandlinger Perlloden, „Schladminger“ genannt, gewinnt wieder Freunde. In Hirschegg ist der (einst dort gewalkte) helle Loden das Material für den Winterrock. Der „Wetterfleck“ ist als grauer, grün eingefaßter Umhang mit grünem Stehkragen und fünf Verschlußknöpfen im Ausseerland bis heute lebendig. In anderen Berglandschaften in der Ober- oder Weststeiermark ist er vielfach durch den „Försterkragen“ mit liegendem Halskragen und Kapuze aus grünem Strichloden ersetzt worden.

10. Die **Kopfbedeckung** ist im allgemeinen der in Aussee noch recht hohe, in anderen Breiten niedrig gewordene „Ausseer Hut“ aus schwarzem Woll- oder Haarfilz mit grünem Band. Schon im Ausseerland gibt es verschiedenste Varianten. Der Jägerhut (das „Jagahüatl“) ist meist graugrün mit Schnur — und nicht nur im Auseerischen beliebt. Als steirische Überlieferung gilt der grüne Velourhut mit grüner Schnur. Der schwarze Schnurhut kam aus Salzburg (als „Lamberghut“) zu uns, ist allerdings schon ein allgemein österreichischer Trachtenhut geworden.

Als winterliche Kopfbedeckung sind Pelzkappen aus Astrachan (schwarzes Lammfell) in der Oststeiermark (wie im Burgenland) und solche aus Otterfell, allenfalls in Sesselhaubenform (hinten höherer Pelzaufschlag als vorne) mit grünem Filz oder Samt-„Boden“ im Ausseerland überliefert.

D. Die Männertrachten nach Landschaften gegliedert

Die steirischen Männertrachten sind gegenwärtig viel schwerer Landschaften, in denen sie getragen werden, zuzuteilen, da sich ihr wesentliches Element, der graugrüne Rock, in den letzten zwanzig Jahren über das ganze Land verbreitet hat. Freilich gibt es besondere Ausformungen, deren Herkunft aus der einen oder anderen Landschaft oder durch besonders häufiges Vorkommen da oder dort für die folgende Zuteilung ausschlaggebend sein soll.

Während nun die braunen steirischen Haftel- und Kurzröcke und vielfach auch die grünen Röcke in der 2. Hälfte des 19. Jahrhunderts sogar auf dem Lande der schwarzen modischen (oder halbmodernen) Kleidung zum Opfer fielen, konnte sich die einstige Standestracht der Jäger, das graue Lodengewand mit grünem Besatz, zumindest in den Gebirgsgegenden noch halten. Das war ein spätes Nachwirken der Vorliebe Erzherzog Johanns und Kaiser Franz Josefs (als Jagdherrn) für den „grauen Rock", dessen Material — der heimische Loden — und Ausformung — der militärischen Uniform oder den jeweiligen Modeformen ähnlich — immer praktisch und aktuell blieb. Als dann um 1935 die bewußte Trachtenpflege in städtischen Kreisen durch Viktor von Geramb, die Familie Meran und andere ansässige oder zur Jagd nach Aussee kommende Adelige in verstärktem Maße einsetzte, wurde die obersteirische Jägertracht — wohl jeweils in etwas anderer Form — im ganzen Land „modern". Das wiederholte sich im „Gedenkjahr 1959", als — nebenbei bemerkt — der hochgeschlossene Steireranzug (mit Stehkragen) als „Leobener" dem ehemaligen „Salonsteirer" mit grünem Revers und Achselspange den Rang ablief.

Seit etwa 1970 wünscht man nun — dem Sinn der Tracht entsprechend — landschaftsgebundene Trachten, vor allem für Landschaften und Städte außerhalb der Obersteiermark. Da setzte nun helfend und lenkend die „Angewandte Volkskunde" ein und natürlich die besten Schneidermeister im Lande. Die Trachtenerneuerung stellte, anknüpfend an alte Überlieferung, unter halb vergessenen grau- grünen Formen auch grüne und die einst im Lande und vor allem in Marktorten und Städten üblichen braunen („biedermeierlichen") steirischen Trachten vor. Und die Vorschläge wurden angenommen. Hiezu muß betont werden, daß es ein Irrtum ist, zu meinen, braune Männer-Röcke seien stets kärntnerisch. Das „Kärntner Gwandl"[16]) mit braunem Rock und grünem Umlegekragen wurde zwar 1911 zur Unterscheidung vom Steireranzug als „Landestracht" geschaffen, da in Kärnten braune Trachten überliefert sind. Aber das sind sie auch bei uns in der Steiermark, nur in anderer Form und anderer Farbtönung. Ein graustichiges, graumeliertes oder grünstichiges Braun ist für das „Kärntner Gwandl" oder den „Kärntner Festanzug" unerwünscht; haselnußbraun — früher auch kastanienbraun — ist deren festgelegte Farbe. Dazu kommt stets der grüne Umlegkragen und die grün passepoilierten Reverse und Rockkanten, also eine Form und Farbkombination, wie sie unsere erneuerten Trachten nicht zeigen.

Es steht demnach den steirischen Männern eine Reihe von steirischen Trachten in Grau, Grün und auch in Braun zur Verfügung — sie mögen sich nun — gleich den Frauen und Mädchen — die aus ihrer engeren Heimat stammenden und ihrem Aussehen entsprechenden auswählen!

1. Steirisches Salzkammergut, Ausseerland

Das Ausseerland, das — abgesehen vom Hinterberger Gebiet um Mitterndorf — mit dem oberösterreichischen Salzkammergut eine volkskulturelle Einheit bildet, hat in der Tracht seine eigene Entwicklung und seine nur ihm eigenen Formen. Grundsätzlich muß man sagen, daß gerade die Ausseer, gefördert durch besondere Persönlichkeiten (Konrad Mautner, Hans Gielge u. a.), mit Geschmack und feinem Fingerspitzengefühl für das Echte ihre Tracht ständig selbst erneuert haben und immer wieder erneuern. Gute Handwerksmeister tragen das ihre dazu bei. Aus der Vielfalt vom „Ausseer Gwand", zumeist geschildert von den Meistern Georg Haselnus, Franz Leitner und Heribert Raich kann nur ein Teil vorgestellt werden.

Tafel 3, Abb. 3

Ausseerland, Ausseer Gamserlrock

Dieser weit über das Ausseerland hinaus bekannte (kurze) „Spenser" wird in Oberösterreich wegen seines eingestickten Gamserls am Rücken „Gamsfrackl" genannt. Die grüne Abart soll Moritz Prinz zu Hohenlohe-Schillingsfürst „eingeführt" haben, man nannte sie darum auch „Hohenlohe-Spenser".

Material:	Loden, Lodentuch, Tuch
Farbe:	a) mittelgrau, Besatztuch grün b) grün
Länge des Rockes:	Kurz mit Rückenschößl
Verschluß:	Drei Knopfpaare aus Hirschhorn (offen), zwei Silberknöpfe durch Kettchen verbunden oder doppelreihig zu schließen, zwei Paar Rehrosenknöpfe
Auszier:	a) Stehkragen, Brustausschlag, Ärmel- und Taschenbesätze und Passepoilierung aus Besatztuch, Ziersteppererei, zu a) dunkelgrün zu b) hellgrün an Kragen, Ausschlägen und Ärmelenden; eingesticktes „Gamserl" am Rücken; eingeschnittene Taschen rot unterlegt
Hose:	Kurze (fast bis zum Knie reichende) schwarze Hose aus „Irchleder" (Wildleder von Hirsch, Tier oder „Gams"; Kniebundhose aus Leder; Kurzhose mit „Büasl" mit gelblich eingefaßter Unterante in Bad Aussee.
Ergänzung:	Seidenes Krawattentuch (gewebt oder handbedruckt), geknüpft oder mit Silberring gerafft

Ausseer Anzug

Der Anzug wird in einer alten und einer neueren Form gearbeitet: Doppelreihig und mit offener Rückenfalte oder einreihig und mit Quetschfalte (und gelegentlich auch Spange = „Dragoner") am Rücken.

Material:	Mittel- bis dunkelgrauer Loden Besatztuch: grün
Länge des Rockes:	Sakkolänge, auch kürzer
Verschluß	a) Doppelreihig: Vier Knopfpaare b) Einreihig: Vier Knöpfe aus Hirschhorn
Auszier:	Rock: Stehkragen, Rockausschläge, Taschen- und Ärmelbesätze und Passepoilierung aus Besatztuch, schwarze oder dunkelgrüne Ziersteppererei; Tascheneingriffe grün unterlegt, auf Reversen und darüber je ein Rehrosenknopf
Hose:	Material wie Rock Doppelter Lampasstreifen aus grünem Besatztuch
Ergänzung:	Seidenes Krawattentuch, geknüpft oder mit Silberring; „Ausseer Hut"
Weste:	Einreihige, grüne Tuchweste (sechs grüne Silberknöpfe) oder „Spanglleibl" mit Furchenausschnitt (sechs und zwei Knöpfe) aus grünem Tuch

Ausseer Anzug

ischtwarenhandlung
Titze
Kaiser-Feigenkaffee
Die gute, echte!
HIRSCH
Extra waschkräftig!
VIM
VIM kratzt nicht
WOLFNER'S SAMEN
sind doch die besten
Aecht
Schmoll
Pasta
VERSALE

Anmerkung: Der **„Grundlseer Janker“** ist farblich gleich (grau) oder auch grün, doppelreihig zu schließen, hat aber besondere stilisierte (eichenlaubähnliche) Besätze, offene Rückenfalten oder Zierschlitz bzw. Stepperei

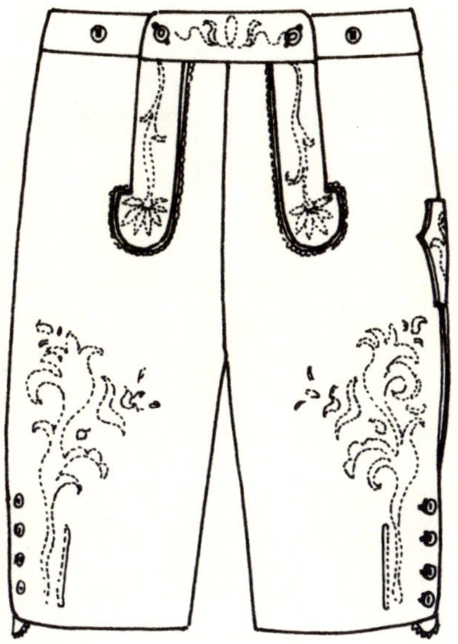

„Ausseer Faltenrock“

Die ursprüngliche Form des „Rosegger-Jankers“, hochgeschlossen mit Stehkragen und offener Rückenfalte ist schlicht, aber vornehm.

Material:	Kammgarn
Farbe:	Feines, grün-schwarzes Pepitamuster (Kammgarn)
Länge des Rockes:	Sakkolänge
Verschluß:	Fünf Hirschhornknöpfe (außerhalb von Aussee auch schwarze Hornknöpfe möglich)
Auszier:	Pepitakragen (nicht schwarz abgesteppt); Pattentaschen ohne Schmuck, Knopflöcher verstürzt

2. Enns- und Salzatal

Tafel 22, links

Obersteiermark, Winter-Überrock („Schladminger")

Dieser Überrock wird wieder — auch außerhalb des Ennstales — gerne getragen. Wegen seines Materials, „Perlloden" aus der Ramsau bei Schladming, wird er kurz „Schladminger" genannt.

Material:	Starker „Perlloden"
Farbe:	Mittelgrau „geperlt" Besatztuch: Dunkelgrün
Länge des Rockes:	„Gute" Sakkolänge (etwas länger als Sakko)
Verschluß:	Doppelreihig: Vier Paar Hirschhornknöpfe
Auszier:	Umlegkragen grün; Kanten, Brustausschlag, Taschen (je zwei Brust-, Muff- und Schlußtaschen) und Rücken-Dragoner sowie allfällige Achselspangen grün passepoiliert; grünes, violettes oder weinrotes Schafwollflanellfutter

Tafel 5, Abb. 4

Ennstal, Steireranzug

Dieser im Ennstal und im Salzatal besonders lange lebendig gewesene Anzug mit Achselwulst und Achselspange gewinnt neuerdings wieder Freunde. Von Schneidergewerbe und Konfektion erhielt er um 1935 den Namen „Salonsteirer", was nur mehr in alten Schneidervorlagen zu lesen ist.

Material des Anzugs:	Loden oder Kammgarn
Farbe des Rockes:	Mittel- bis dunkelgrau
Länge:	Sakkolänge
Verschluß:	Einreihig, vier Hirschhornknöpfe
Auszier:	Achselspangen, Rückenspange, Kanten und Taschenpatten grün passepoiliert, grün verstürzte Knopflöcher, Stehkragen, Ärmelaufschläge und Brustausschläge aus grünem Tuch; kleinere Hirschhornknöpfe auf Brusttaschenklappen, Achselspangen und Ärmelaufschlägen (je einer)
Ergänzung:	Seidenes Krawattentuch oder Wollbindel, grüne Tuchweste oder farbige Wollbrokatweste; Ausseerhut oder grüner Velour-Jägerhut (mit Schnur)

Mittleres Ennstal, Röckl

Aus der Sammlung Floigmayr in Admont (jetzt im Landschaftsmuseum Schloß Trautenfels) stammt dieser etwas erneuerte Kurzrock.

Material:	Loden, Lodentuch
Farbe:	Olivgrün, dunkelgrün
Länge:	Sakkolänge, eher kürzer
Verschluß:	Braune Horn- oder Steinnußknöpfe, drei Knopfpaare

Auszier:	Umlegkragen aus braunem Samt oder Tuch; dieser sowie die Brustausschläge, Kanten und Taschenpatten und Rückenschlitz mit dunkelbrauner Tresse eingefaßt
Ergänzung:	Seidenes Krawattenhalstuch
Hose:	„Altschwarze", wildlederne Kniebundhose oder schwarze Langhose
Weste:	Seidenbrokat mit Schalkragen oder „Samtleibl" (braun)
Hut:	Olivgrüner Schnurhut oder „Ausseer" mit olivgrünem Band

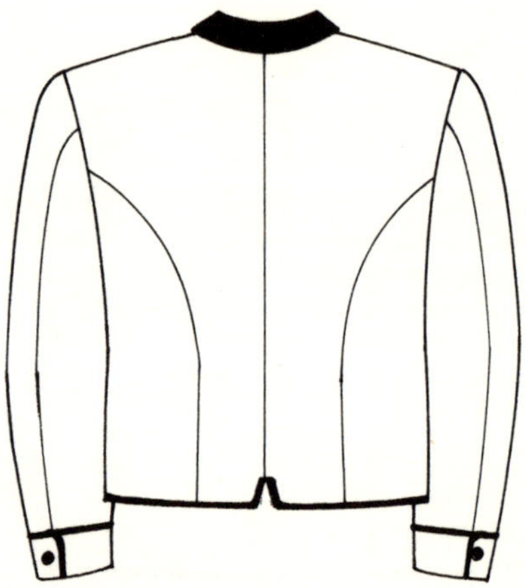

3. Oberes Murgebiet

Niedere Tauern, „Zeiringer Röckl“

Material:	Loden
Farbe des Röckls:	Mittel- bis hellgrau Besatz: Grünes Tuch
Länge des Röckls:	Etwas kürzer als Sakkolänge
Verschluß:	Ein- oder doppelreihig (drei Knopfpaare), Hirschhornknöpfe
Auszier:	Stehkragen, Brustausschlag, Taschenbesatz und Ärmelaufschläge aus Besatztuch, mittelbreit grün eingebandelt (etwa 5 mm), Eingrifftaschen allenfalls rot unterlegt, Schößelrücken
Ergänzung:	Seidenes Krawattenhalstuch, auch Bindel
Hose:	Kniebundhose aus Wildleder oder grauem Loden
Hut:	Grüner Jägerhut

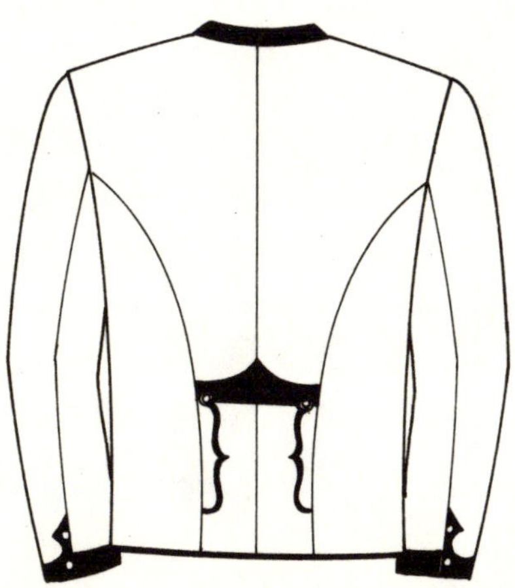

Oberes Murtal, Steireranzug

Dieser um 1935 als **„Murauer“** bezeichnete Anzug stellt eine etwas vereinfachte, aber eher festliche Variante des aus dem Ennstal stammenden Anzugs (ehemals „Salonsteirer“) dar. Er wird in der ganzen Steiermark getragen.

Material:	Dunkelgrauer Loden oder Kammgarn

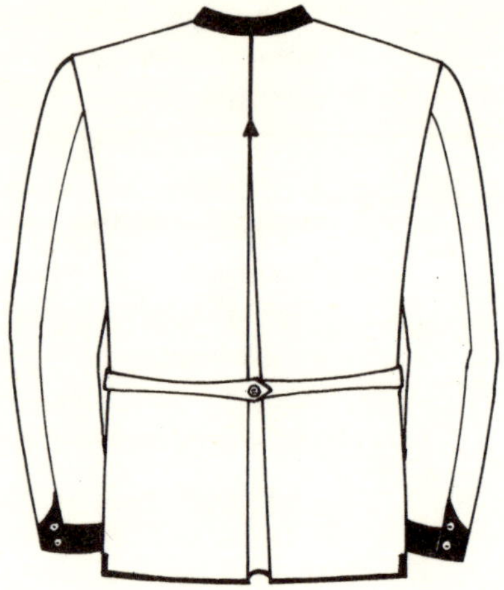

Länge:	Sakkolänge
Verschluß:	Vier Hirschhornknöpfe
Auszier:	Grüne Achselwülste und Achselspangen fehlen, sonst wie der für das Ennstal beschriebene Rock
Ergänzung:	Seidenes Krawattentuch, allenfalls mit Silberring (echt, nicht Blech!) gerafft
Hose:	Material wie Rock; doppelte Lampasse aus dem Besatztuch
Weste:	Grüne Tuchweste, schwarz-grüne Weste aus Pepita-Kammgarn (beide einreihig mit zwölf Silberknöpfen) oder Weste aus kirschrotem, violettem oder schwarzem Samt mit stilisierter Blumenstickerei; auch farbige Seidenbrokatweste, doppelreihig mit getönten Perlmutterknöpfen, möglich
Kopfbedeckung:	Ausseerhut, schwarz mit grünem Band

Tafel 7, Abb. 4

Oberes Murtal, Hammerschmiedrock

Der Rock wurde nach Originalstücken von etwa 1860 aus der Sammlung des Gewerken Neuper in Unterzeiring erneuert und hat für die Bezirke Judenburg und Knittelfeld Geltung.

Material:	Loden
Farbe des Rockes:	Helle Naturfarbe, bräunlich
Länge des Rockes:	Sakkolänge zu Langhose, zu Kniebundhose oder Stiefelhose kürzer
Verschluß:	Doppelreihig, vier Knopfpaare, Steinnuß oder bräunliches Horn
Auszier:	Stehkragen aus dunkelbraunem Besatztuch, abgeschrägte Reversecken, Kanten und Taschenleisten sowie Rückenschlitz (Schößl), Ärmelkanten und -schlitz mit Passepoil aus dem Besatztuch
Ergänzung:	Seidenes Krawattentuch oder Bindel
Hose:	Schwarze Kniebundhose aus Leder (weißlich ausgenäht), mit naturfarbenen (sandfarbenen) Strümpfen; oder schwarze Langhose; überliefert: Stiefelhose und schwarze Stiefel
Kopfbedeckung:	Schwarzer, niederer „Stockhut“ aus Haarfilz mit schwarzem Band und Schnalle

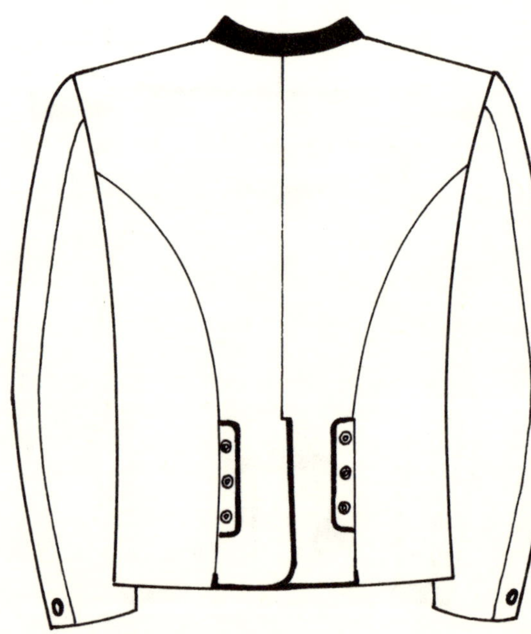

4. Leoben — Eisenwurzengebiet

Alt-Leobner Anzug

Da seit geraumer Zeit der hochgeschlossene Rock (mit Stehbrust) als „Leobner" bezeichnet wird, bot sich für diese altertümliche, doppelreihige Anzugsform der schon gebräuchliche Name **„Alt-Leobner"** an.

Material:	Feiner Loden oder Kammgarn
Farbe des Anzugs:	Mittelgrau
Länge des Rockes:	Sakkolänge
Verschluß:	Doppelreihig, vier Knopfpaare, Hirschhorn
Auszier:	Aus grünem Besatztuch; Stehkragen, Brustausschläge, Kanten, Taschenpatten, und (einbeziehbarer) Dragoner mit grünem Besatztuch passepoiliert, grün verstürzte Knopflöcher. Hirschhornknöpfe auf Reversen
Hose:	Ein breiter Lampasstreifen aus Besatztuch
Ergänzung:	Seidenes Krawattentuch, allenfalls Silberring
Weste:	Rostrote Samt- oder Brokatweste mit 12 Silberknöpfen, auch grüne Tuchweste
Hut:	„Ausseer", schwarz mit grünem Band
Variante:	Von Mariazell bis ins Mürztal ist eine dekorative Knopfloch-Applikation in Grün überliefert, die für Musikkapellen geeignet ist.

Tafel 8, Abb. 3

Bezirk Leoben, „Stutzfrackerl"

Zwischen 1840 und 1860 war im Gebiet von Eisenerz und im Hochschwabgebiet eine verkürzte Frackform in der „jägerischen" grau-grünen Farbgebung üblich. Sie ist auch heute wieder aktuell und — besonders bei jungen Musikern — sehr beliebt.

Material:	Loden
Farbe:	Mittel- bis hellgrau Besatztuch: Dunkelgrün
Länge:	Vorne taillenkurz, am Rücken Schoßrocklänge
Verschluß:	Hirschhornknöpfe
Auszier:	Stehkragen, Brustausschläge und Taschenleisten aus Besatztuch, Kanten grün passepoiliert, Knopflöcher grün verstürzt
Hose:	Kniebundhose aus schwarzem, grün ausgenähtem Wildleder mit Latz, dazu grüne Strümpfe
Ergänzung:	Seidenes Krawattentuch, allenfalls Bindel
Kopfbedeckung:	Beidseitig aufgebogener „Ausseer" (schwarz mit grünem Band)

5. Hochschwabgebiet — Mariazell

Lamingtal — Tragöß, Röckl

Diese altertümliche Röcklform ist im Bezirk Bruck an der Mur beheimatet, aber auch allgemein obersteirisch. Sie wird **„Tragösser Joppe"** genannt.

Material:	Loden
Farbe des Röckls:	Mittelgrau, „mausgrau" Besatztuch: Grün
Länge des Röckls:	Ärmellang

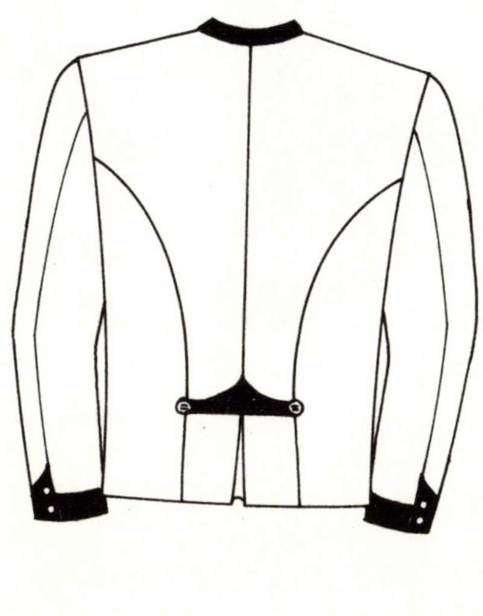

Verschluß:	Doppelreihig, drei Paar Hirschhornknöpfe
Auszier:	Je zwei Zierknöpfe auf Ausschlägen und Rücken; je drei auf Ärmelaufschlägen; Stehkragen, Brustausschlag, Taschenleisten und Ärmelaufschlägen und Rükkenleiste aus Besatztuch, grüne Kantenpassepoilierung
Ergänzung:	Wollbindel oder seidenes Krawattentücherl
Hose:	Kurze schwarze Lederhose, wenig ausgenäht, oder Kniebundhose aus Wildleder

Hochschwabgebiet — Tragöß, Sonntagsrock

Die Rockform wurde von Sepp Richter-Trummer in Tragöß nach altem Vorbild aus der Gegend wiederbelebt. Um Eisenerz, im Gebiet von Mariazell und in der Veitsch sind ähnliche Formen belegt.

Material:	Loden
Farbe des Rockes:	Hellgrau-bräunlich, naturfarben; Besatztuch: Grün

Länge des Rockes:	Ärmellang
Verschluß:	Doppelreihig, drei Paar Hirschhornknöpfe
Auszier:	Stehkragen, Taschenleisten und Ärmelaufschläge aus Besatztuch; Brustausschläge abgesteppt, ein kleiner Knopf auf Revers, zwei auf Ärmelaufschlag
Ergänzung:	Seidenes Krawattentücherl
Hose:	Schwarze bzw. „altschwarze" Lederhose („Irchlederne") von Hirsch, Tier, Gams; auch Langhose in Rockfarbe
Strümpfe:	Zur Kniebundhose: Naturfarbige oder grüne „Modlstrümpfe"

Tafel 11, Mitte

Hochschwabgebiet — oberstes Mürztal, „Kaiserrock"

Eine altertümliche, doppelreihige Rockform ist uns aus dem Hochschwabgebiet überliefert. Da sie Kaiser Franz Josef auf der Jagd im Schloß Neuberg getragen hat, wurde ihr der Name „Kaiserrock" zuteil. Der Rock ist zugeknöpft und offen — mit zurückgeschlagenem grünem Innenbesatz — zu tragen, also für jede Witterung, aber auch für festliche Anlässe. Er hat auch Ähnlichkeit mit Erzherzog Johanns angeblichem „Sonntagsrock". Im Männertrachtenheft von 1935 (Viktor von Geramb, herausgegeben von Josef Rasteiger) wird er nach einem in Aussee ansässigen Maler **„Viktor-Hammer-Rock"** genannt. Hubert Fink schneiderte ihn auch nach einem Gemälde im Stift Rein in zwei Grüntönen (graugrün und dunkelgrün).

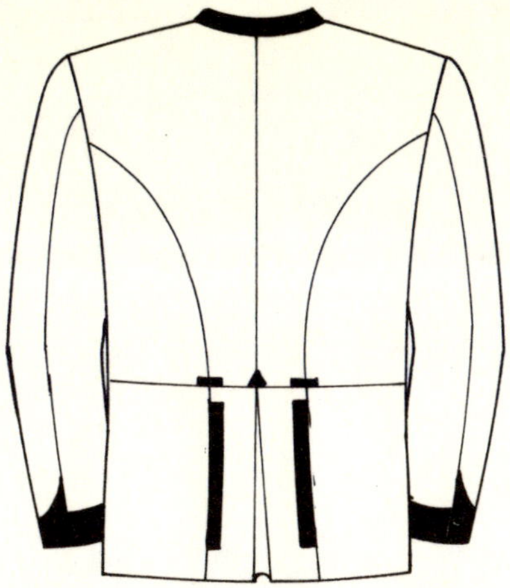

Material: Reinwolloden

Farbe des Rockes: Dunkel- bis mittelgrau
Besatztuch: Dunkelgrün

Länge des Rockes: Schlußrocklänge

Verschluß: Doppelreihig, fünf Knopfpaare aus Hirschhorn

Auszier: Stehkragen, ausschlag- und umknöpfbarer Innenbesatz, Taschenleisten, Ärmelbesatz und Schoßfaltenleisten aus grünem Besatztuch, große, sonnenförmig gestickte „Fliege“ als Abschluß der Rückenmittelnaht, Kante unten passepoiliert

Ergänzung: Seidenes Krawattentuch, allenfalls Silberring

Weste: Hochgeschlossen mit kleinem Kragen aus Seidenbrokat oder Samt (weinrot, violett)

Hose: Langhose mit einfachem Lampasstreifen oder mit hinten gewelltem Doppelstreifen

Kopfbedeckung: Hut in Ausseer Form (schwarz mit grünem Band)

Tafel 10, Abb. 4

„Johanniterrock“

Dieser Rock ähnelt dem vorhergehenden wegen seiner doppelten Knopfreihe, die ein Hochschließen oder Öffnen mit Ausschlagen der kleinen Reverse zulassen. Der graue Kammgarnrock ist tailliert geschnitten, mit Hakenschlitz am Rücken. Er ist an den Kanten und den Taschenleisten (auch „Billettasche“) grün passepoiliert und mit je vier oder fünf Hornknöpfen (Hornknopfpaaren) hoch oder weniger hoch zu schließen. Laut Familientradition der Grafen Meran soll das Original des Erzherzogs letzter Sonntagsrock gewesen sein. Er wurde (laut V. Geramb) auch als „Johanniterrock“ bezeichnet und um 1850 z. B. von vornehmen Jagdherren gerne getragen. Vermutlich gehörte dazu eine Wildlederhose (Hirsch, Gams) in Kniebundform. Es paßt aber auch — wie schon bestens erprobt — eine Kammgarn-Langhose mit grünem Vorstoß dazu.

1 Detail der Wildoner Stiefelhosentracht

2 Frauenjoppe

3 Detail der Ausseer Lederhose

4 Detail des Ausseer Gamserlrocks

Tafel 24

1 Obersteirische Festtracht

2 Steirischer Festanzug

3 Steirisches Stutzfrackerl

6. Mürztal

Obersteiermark — Mürztal, Jägerrock

„Franz-Josef-Rock“ nannte man diesen schlichten, aber vielseitig tragbaren Rock, da er einer stark vereinfachten Form eines Jagdrockes vom kaiserlichen Neffen Erzherzog Johanns gleichkommt. Gelegentlich wird er auch **„Leobner Rock“** genannt. Er ist hochgeschlossen mit Stehkragen und hat geraden Rücken mit offener Quetschfalte oder auch mit Rückendragoner. Diese Rockart hat auch Peter Rosegger getragen, wie ein Lichtbild aus seinen letzten Lebensjahren bezeugt.

Material:	Loden oder Kammgarn, allenfalls Fresko
Farbe:	Mittelgrau oder graubraun Besatztuch: Grün
Länge des Rockes:	Sakkolänge
Verschluß:	Fünf Hirschhornknöpfe
Auszier:	Grüner Stehkragen, Rockkanten (auch der Ärmel), Dragoner und Taschenpatten grün passepoiliert, grün verstürzte Knopflöcher; die ursprünglich nicht vorhandene Rückenspange („Dragoner“) kann eingezogen werden
Hose:	Langhose aus dem Rockstoff mit einfachem Lampas oder grünem Passepoil
Ergänzung:	Seidenes Krawattentücherl oder Wollbindel
Anmerkung:	Die sich mehr und mehr einbürgernde Sommertracht aus grünlichem Leinen ist als Fortsetzung überlieferter Bauernjanker aus grün gefärbter Rupfenleinwand vertretbar

Steirische Waldheimat — Breitenau, Eingebandelter Schößlrock

Eine bemalte Bleistiftzeichnung des damaligen Störschneiderlehrlings Peter Rosegger, des „Schneider-Peterls“, von 1863 zeigt diese Form als Jägertracht seiner „Waldheimat“: Mit hellgrauem, grün eingebandeltem Schoßrock, schwarzer, bis zu den Knien reichender Lederhose, grünen Stutzen und grünem Hut mit Federgesteck. Wegen der Verbreitung dieser Rockform kann man sie wohl auch „Breitenauer“ nennen.

Material:	Loden
Farbe des Rockes:	Mittelgrau Besatztuch: Dunkelgrün
Länge des Rockes:	Schlußrocklänge mit angesetzten Schoßteilen
Verschluß:	Doppelreihig, drei Knopfpaare, Hirschhorn-, Steinnuß- oder gepreßte Lederknöpfe
Auszier:	Umlegkragen und Ärmelaufschläge, aus Besatztuch Schoßtaschen, Rockkanten, Hakenschlitz und Schoßteile breit eingebandelt, grün verstürzte Knopflöcher

Ergänzung:	Seidenes Krawattentücherl
Hose:	Schwarze Kniebundhose („Knie-abi-Hose") aus Wildleder (Hirsch, Tier, Gams), sparsam grün ausgenäht; oder graue Langhose mit doppelten, hinten gewellten Lampas.
Weste:	Einreihig, hochgeschlossen, mit kleinem Kragen, aus dunklem Samt oder Brokat

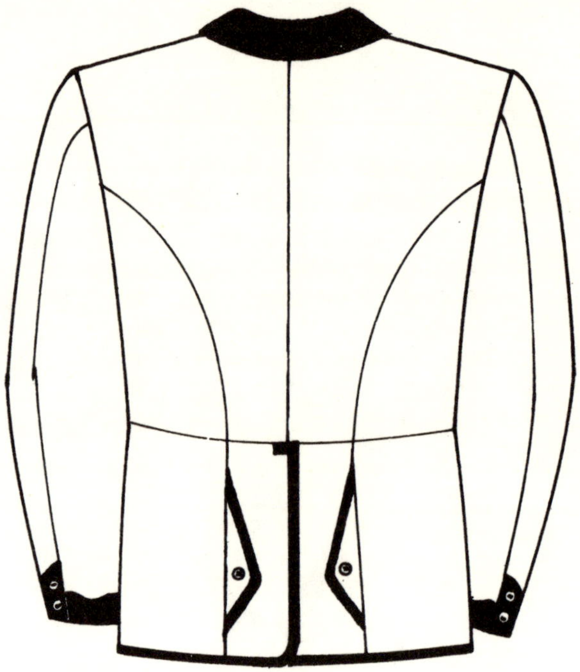

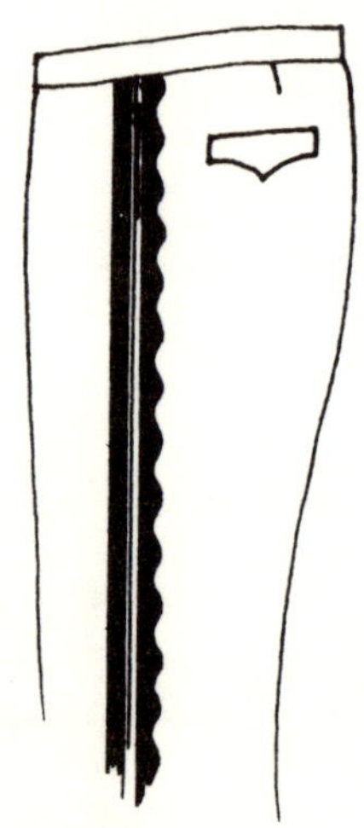

7. Nördliche Oststeiermark

Da die letzte, in der nördlichen Oststeiermark lebendig gebliebene Männertracht, der sogenannte „Hammerherrn-Anzug" (ein Schneiderbegriff von etwa 1935), auch die einzige war, mußte man auf alte Vorbilder der Gegend bis in die Erzherzog-Johann-Zeit, nämlich auf Bildchen in den „Landwehrakten" (um 1808), zurückgreifen. Schneidermeister Ernst Rechberger in Vorau setzte den ersten Vorschlag für die Vorauer Musikkapelle in Lodenstoff um.

Tafel 13, Abb. 4

Vorau, Sonntags-Anzug

Material:	Loden, Lodentuch
Farbe des Rockes:	Olivgrün Besatztuch: Dunkelgrün (sehr dunkel)
Länge des Rockes:	Sakkolänge
Verschluß:	Drei Steinnußknöpfe bei Einreihigkeit; drei Knopfpaare bei Doppelreihigkeit (offenkantig)
Auszier:	Stehkragen, Brustausschläge und Taschenleisten aus Besatztuch, Rockkanten und Hakenschlitz sowie Rückennähte dunkelgrün passepoiliert
Ergänzung:	Seidenes Krawattentuch, allenfalls Silberring
Hose:	Schwarze Stoff-Kniebundhose mit bräunlichen „Stutzen" oder schwarze Langhose.
Hut:	Schwarzer Filzhut mit olivgrünem Band
Weste:	Bräunliche, auch rostbraune Seidenbrokatweste, hochgeschlossen, einreihig, getönte Perlmutterknöpfe

Tafel 4

Oststeiermark, „Hammerherren-Anzug"

Dieser dem modischen Sakko mit Umlegkragen und „Fasson" recht nahekommende Anzug ist zwar überall bekannt, wird aber in der Oststeiermark besonders geschätzt. Den Namen bekam er vor Jahrzehnten zur Reverenz vor den wohlhabenden Hammerherren früherer Zeiten.

Material:	Loden oder Kammgarn
Farbe des Anzugs:	Dunkelgrau Besatztuch: Dunkelgrün
Länge des Rockes:	Sakkolänge
Verschluß:	Drei Hirschhorn-, dunkle Horn- oder Steinnußknöpfe
Auszier:	Umlegkragen, Brustausschlag und Ärmelaufschläge aus Besatztuch, grünverstürzte Knopflöcher, passepoilierte Rockkanten und (einziehbare) Rückenspange
Ergänzung:	Seidenes Krawattentuch
Weste:	Doppelreihig aus dunkelroter, violetter, auch rotbrauner Brokatseide
Kopfbedeckung:	Ausseerhut

Oststeiermark — Mittelsteiermark, „Rosegger-Janker“

In Anlehnung an die Arbeitsjanker aus kariertem („gehäuseltem“), zweifarbigem Loden, der in den Lodenwalken der Ost- und Weststeiermark erzeugt wurde, vielleicht auch beeinflußt vom noblen schwarz-grünen Pepitarock („Faltenrock“) der Ausseer, kam um 1935 ein vorwiegend grün-schwarz, aber auch rot-schwarz und grün-braun oder grün-grau fein oder gröber karierter Janker auf. Die heute den Markt überschwemmenden Formen mit schwarzem Stehkragen sind salzburgischem bzw. oberösterreichischem Einfluß zuzuschreiben. Taschenbesätze in Ausseer Art sind auf diesem Janker ein Unding.

Material:	Loden
Farbe des Jankers:	Grün-schwarz, auch rot-schwarz, fein kariert; überliefert: grünbraun oder grün-grau kariert
Länge:	Etwas kürzer als Sakkolänge
Verschluß:	Horn-, Steinnuß- oder Hirschhornknöpfe
Auszier:	Kleine Knöpfe auf kariertem Ausschlag, allenfalls Dragoner im Rücken; schmucklos, schlicht
Ergänzung:	Wollbindel statt Krawatte
Hose:	Lederhose oder schwarze Langhose

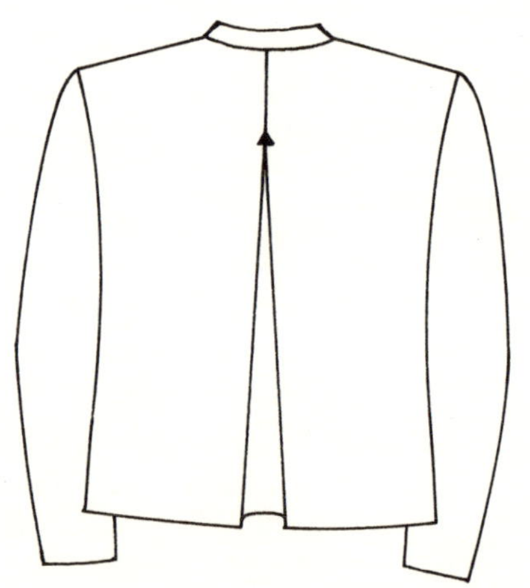

Joglland — Wechselgau, Sonntagsanzug

Votivbilder von 1850/60 unter anderen aus St. Kathrein am Hauenstein und Mönichwald zeigen, daß diese Rockform von der Waldheimat bis zum Wechsel mit (relativ früher) Langhose verbreitet war.

Material:	Feiner Loden, Kammgarn, Besatztuch
Farbe des Rockes:	Mittelgrau, auch taubengrau
Länge des Rockes:	Schlußrocklänge
Verschluß:	Doppelreihig, drei Knopfpaare, Steinnuß- oder Hornknöpfe
Auszier:	Umlegkragen und Passepoilierung der Ausschläge, Rockkanten, Schösselfalten, Knopflöcher und Taschenpatten aus Besatztuch
Ergänzung:	Seidenes Krawattentuch, karmesinrot oder violett
Weste:	Grüne Tuchweste oder weinrote Seidenbrokatweste, Ausschnitt und untere Kante, abgerundet, getönte Perlmutterknöpfe oder gepreßte (Seiden-) Stoffknöpfe
Hose:	Graue Langhose mit grünem Passepoil
Kopfbedeckung:	Schwarzer Hut mit grünem Band (allenfalls aus dem Besatztuch)

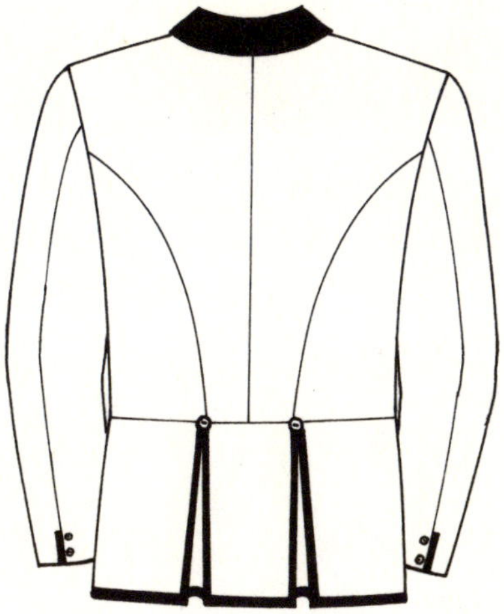

8. Mittlere und südliche Oststeiermark

Außer der dunklen Stiefelhosentracht, einer späten „Kolonistentracht", und den ursprünglichen obersteirischen Steireranzugformen der jüngeren und jüngsten Vergangenheit sind zwischen Vorau — Gnas und Mureck (und bis hinunter in die Windischen Büheln) in der Oststeiermark des 19. Jahrhunderts vor allem grüne Röcke nachweisbar. Sowohl für die frühere Zeit als auch für die Gegenwart sind kaum wesentlich Unterschiede in der Tracht der Bauern, noch weniger aber in der Kleidung der Markt- und Stadtbürger zwischen der nördlichen und südlichen Oststeiermark festzustellen. Daher gelten fast alle Trachtenerneuerungen für die Bezirke Weiz und Hartberg ebenso wie für die Bezirke Fürstenfeld und Feldbach.

Tafel 12

Oststeiermark, Festanzug

Nach Bildern aus der späten Erzherzog-Johann-Zeit wurde diese Rockform erneuert. Sie hat — nur wenig variiert — auch für die Weststeiermark Gültigkeit. Friedrich Jeitler, Hartberg, verdanken wir die Erstausführung.

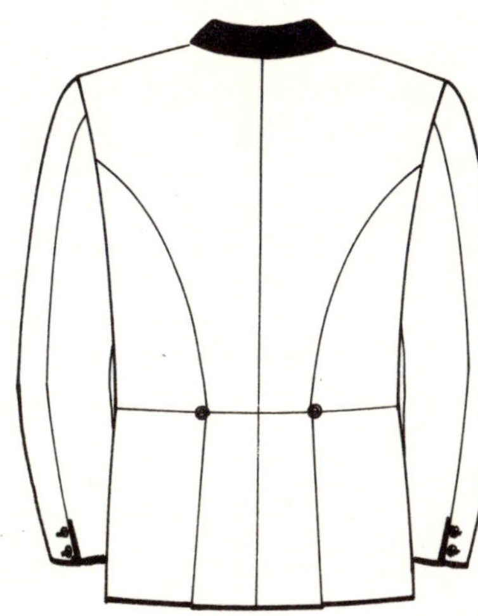

Material:	Feiner Loden, Lodentuch
Farbe des Rockes:	Mittelgrün bis oliv, Besatztuch: Dunkelgrün
Länge des Rockes:	Schlußrocklänge
Verschluß:	Drei Paar schwarze Hornknöpfe oder dunkelgrüne gepreßte Stoffknöpfe
Auszier:	Umlegkragen, Ausschläge aus Besatztuch, Eingrifftaschen und Knopflöcher mit Besatztuch passepoiliert
Ergänzung:	Seidenes Krawattentuch (violett oder rostrot)
Weste:	Seidenbrokatweste in Gelb- und Brauntönen mit Schalkragen und getönten Perlmutterknöpfen
Hose:	Schwarze Langhose
Kopfbedeckung:	Schwarzer Hut mit grünem Band

Bezirke Fürstenfeld — Feldbach, „Feldbacher Steireranzug"

Eine um 1910 weitverbreitete Tracht — auch im Mürz- und Salzatal war sie bekannt — erfreut sich seit einiger Zeit wieder steigender Beliebtheit im Raume Fürstenfeld — Feldbach. Außer auf Pöllauer Hochzeitsfotos wird auch im Schneidereimuseum des Kurt Schuller in Feldbach die einstige und heute wieder aktuelle Rockform ersichtlich (z. B. aus Kapfenstein).

Material:	Loden, Kammgarn
Farbe des Anzugs:	Mittelgrau, auch dunkelgrau Besatztuch: Dunkelgrün
Länge des Rockes:	Sakkolänge
Verschluß:	Fünf Hirschhorn-, Horn- oder Steinnußknöpfe
Auszier:	Stehumlegkragen, Achselwülste und Passepoilierung von Rockkanten, Achselspangen, Ärmelenden mit Schlitz, Rückendragoner und Taschenpatten aus Besatztuch. Kleinere Knöpfe auf Brusttaschen (je einer) und Ärmelenden (je zwei), größere auf Dragoner bzw. Achselspangen
Hose:	Doppellampas oder nur Passepoil in Grün
Ergänzung:	Seidenes Krawattentuch, geknüpft
Kopfbedeckung:	Schwarzer Filzhut mit grünem Band

Tafel 14, Abb. 3

Raabtal, Alltagsanzug

Auf Grund alter Fotos (von etwa 1910—20) wurde von Franz Eder, Paldau bei Feldbach, dieser karierte Rock mit einfarbiger Langhose entwickelt.

Material:	Wollstoff, Loden
Farbe des Rockes:	Braungrau und grau im Karomuster
Farbe der Langhose:	Braungrau einfärbig
Länge des Rockes:	Ärmellänge
Verschluß:	Helle Hornknöpfe, Steinnußknöpfe o. ä.
Auszier:	Stehkragen, Revers- und Taschenleisteneinfassung, verstürzte Knopflöcher aus braungrauem einfarbigem Besatzstoff (wie Hose), Zierknöpfe auf Ausschlägen (je einer) und Ärmelenden (je zwei)
Ergänzung:	Rötliches Wollbindel oder seidedenes Krawattentuch

9. Mittelsteiermark — Bezirk Graz-Umgebung — Graz

Mittleres Murtal, „Frohnleitner Rock"

Da die in der Forstwirtschaft der Gutsherrschaft Mayr-Melnhof Beschäftigten diese Rockform tragen, wurde er auch **„Mayr-Melnhof-Jagdrock"** genannt. Er war ursprünglich sowohl hochzuschließen als auch auszuschlagen, wird aber meist nur mit Ausschlägen getragen und zwar in den Farbvarianten graubraun, grau, aber auch einfarbig grün (von den Mayr-Melnhofschen Forstleuten).

Material:	Loden
Farbe des Rockes:	Graubraun oder grau; Besatztuch: Grün
Länge des Rockes:	Schlußrocklänge
Verschluß:	Vier Knopfpaare, Hirschhorn oder dunkle Hornknöpfe
Auszier:	Stehumlegkragen, Brustausschläge, Ärmelaufschläge, breite Einbandelung der Rockkanten und Taschenpatten (wie der Knopflöcher) grün; am Schößlrücken (wie Joglland-Sonntagsanzug) zwei Zierknöpfe
Ergänzung:	Seidenes Krawattentuch, auch Bindel aus Wolle
Weste:	Einreihige grüne Tuchweste mit kleinem Ausschnitt
Hose:	Lederne Kniebundhose mit grüner Ausnähzier oder graue bzw. graubraune Langhose mit schmalem Lampasstreifen
Kopfbedeckung:	Grüner Jägerhut mit Schnur oder schwarzer „Ausseer" mit grünem Band

Tafel 15

Dekanatsgebiet Rein, Fest- und Sonntagsanzug

Diese Erneuerung stützt sich auf die grünen Haftelröcke bzw. die grünen Kurzröcke, wie sie anhand von Bildern des frühen 19. Jahrhunderts im Gebiet um das besiedlungs- und kulturgeschichtlich bedeutsame Zisterzienserstift Rein nachgewiesen werden können. Die Erstausführung — wie auch die eines „Reiner Frauen-Kostüms" (einreihig) — haben wir Vater und Sohn Hubert Fink, Gratkorn, zu danken.

Material für den Rock:	Reinwolloden
Material für die Hose:	Kammgarn
Farbe des Rockes:	Dunkelgrün
Farbe der Hose:	Schwarz (Langhose); auch schwarze Lederhose
Länge des Rockes:	Schlußrocklänge
Verschluß:	a) Doppelreihig, hochgeschlossen, offenkantig, je sieben schwarze Hornknöpfe b) Einreihig, auf sieben schwarze Hornknöpfe zu schließen
Auszier:	Grüner Stehkragen mit schwarzer Ziersteppererei, Kanten, Taschenpatten, Ärmelleisten und Knopflöcher schwarz passepoiliert. Schößlrücken mit zwei Knöpfen
Ergänzung:	Violettes oder rötliches Seidenbindel (Handdruckstreifen)

Schöckelgebiet — St. Radegund, Sonntagsanzug

Nach schriftlichem Bericht, bestätigt durch mündliche Überlieferung, trugen die Männer um die Jahrhundertwende und auch noch später im Schöckelgebiet — z. B. in St. Radegund — und im Grazer Bergland mit Vorliebe grüne Röcke zu grauen Lampashosen. Diese Zusammenstellung dürfte durch die Offiziersuniform von Jägertruppen beeinflußt sein; die Rockform entspricht

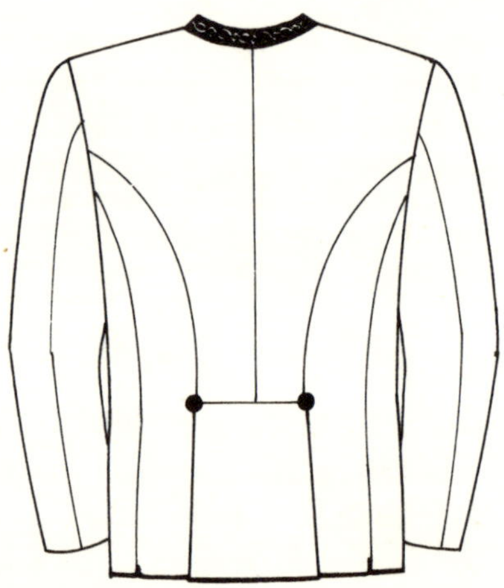

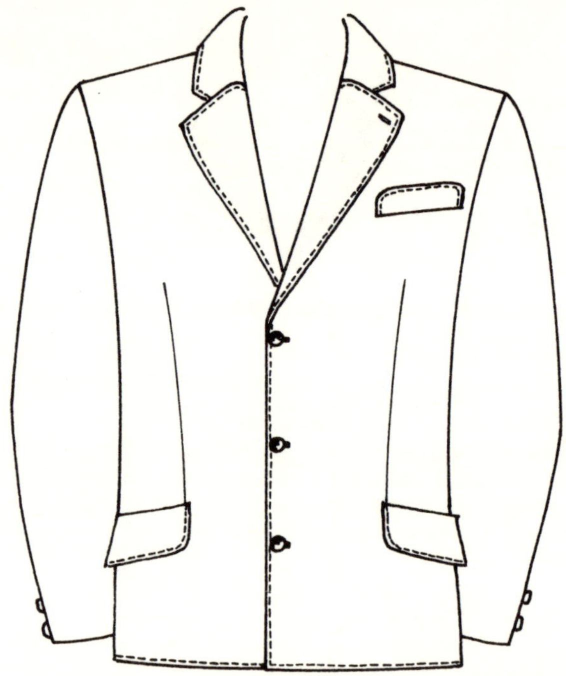

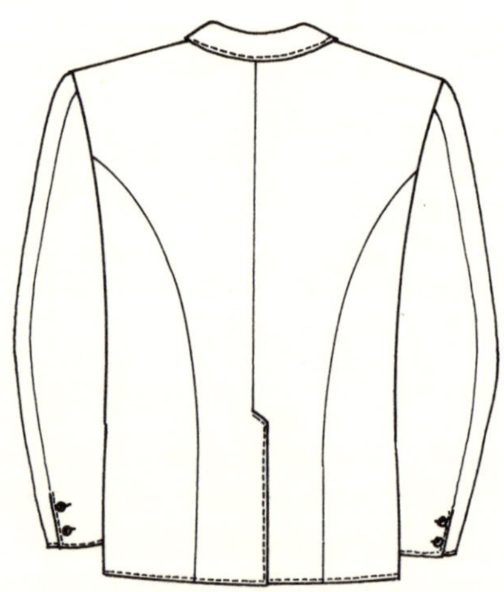

Weste:	Violette oder rötliche Brokatseidenweste mit schwarzen „Talarknöpfen"
Kopfbedeckung:	Schwarzer Hut mit grünem Band (Ausseer), seitlich leicht aufgebogen
Anmerkung:	Eine Variante des Rockes für das Murtal (von Pernegg bis Peggau) ist grün mit roter Passepoilierung; das **Reiner Kostüm** ist stets einreihig und wird durch eine dunkelgrüne „Schoß" vervollständigt.

eher spätbiedermeierlichem, bürgerlichem Geschmack — und anscheinend auch dem heutigen. Die sorgfältige Erstausführung vollzogen Vater und Sohn Hubert Fink.

Material für die Hose:	Kammgarn, Besatztuch
Farbe des Rockes:	Grün
Farbe der Hose:	Mittel- bis hellgrau, grüne Lampassen
Länge des Rockes:	Sakkolänge
Verschluß:	Drei grüne Lederknöpfe (flach)
Auszier des Rockes:	Kanten mit der Hand durchgenäht (grün), Rücken: Hakenschlitz
Auszier der Hose:	Doppelte, grüne Lampasstreifen
Ergänzung:	Seidenes Krawattentuch, allenfalls mit lila Ton
Weste:	Goldgelbe Seidenbrokatweste mit echten (gelblich-matten) Silberknöpfen

Graz und Umgebung, Grazer Bürgerrock

Ländlichem Spätbiedermeier nachempfunden und in der für den „bürgerlichen" Männerrock so beliebten Farbe Braun gehalten, ist der „Grazer Bürgerrock", gestaltet vom Hause Hubert Fink, Gratkorn. Der zweireihige Rock ist — zum zeigen der Weste offenkantig gearbeitet, könnte aber auch schließbar gemacht werden.

Material:	Loden, Besatztuch; für den Sommer knitterfreies Material (Fresko o. ä.)
Farbe:	Hellbraun, Besatztuch dunkelbraun
dazu Hose:	Schwarz, Kammgarn
Länge des Rockes:	Sakkolänge
Verschluß:	Vier Knopfpaare, Hornknöpfe, offenkantig, auch schließbar möglich
Auszier:	Umlegkragen und Ausschläge, Ärmelaufschläge, Passepoil von Knopflöchern, Taschenpatten, Rockkanten und Hakenschlitz (Schößlform) dunkelbraun; zwei Zierknöpfe am Ärmelaufschlag
Ergänzung:	Dunkelgelbes bis bronzefarbiges Seiden- oder Wollbindel bzw. Krawattentüchlein
Weste:	Seidenbrokatweste in Blau- oder Violettönen, hochgeschlossen oder mit kleinem Schalkragen, Perlmutterknöpfe

Tafel 16

Grazer Festanzug

Braune Bürgerröcke der Biedermeierzeit und auch unseres Jahrhunderts haben zur Entwicklung dieser dem Stil unserer Zeit angepaßten Stadttracht geführt. Bestätigt wurde die Erneuerung durch einen Bericht, daß auch Erzherzog Johann bei Aufenthalten in seinem Joanneum zuweilen einen braunen Rock getragen hat (Frdl. Mitteilung von Univ.-Prof. Dr. Hanns Koren). Unser vorgeschlagener Rock wurde erstmals von Werner Jost, Graz, ausgeführt.

Material:	Kammgarn, auch feiner Loden
Farbe des Rockes:	Dunkelbraun, auch hellbraun-schwarz meliert, warmes Braun Besatzstoff: Schwarzer Samt
Länge des Rockes:	Schlußrocklänge
Verschluß:	Doppelreihig, drei Knopfpaare, schwarze (große) Talarknöpfe
Auszier:	Schwarze Ziersteppereí auf Ausschlägen, Taschenleisten und Ärmelenden (Schlitz); schwarzer Samt-Umlegkragen; auf Hakenschlitz-Rückenteil zwei größere Zierknöpfe, auf Ärmelenden ein kleiner schwarzer Knopf
Ergänzung:	Schwarzes Samtbindel (Samtband-Mascherl)
Hose:	Langhose aus schwarzem Kammgarn („Flanell")
Weste:	Mit kleinem Schalkragen, aus rotbraunem Seidenbrokat; gepreßte Stoffknöpfe oder kleine schwarze Talarknöpfe
Kopfbedeckung:	Schwarzer feiner Filzhut (Haarfilz) mit schwarzem Band, gemäßigte Zylinderform

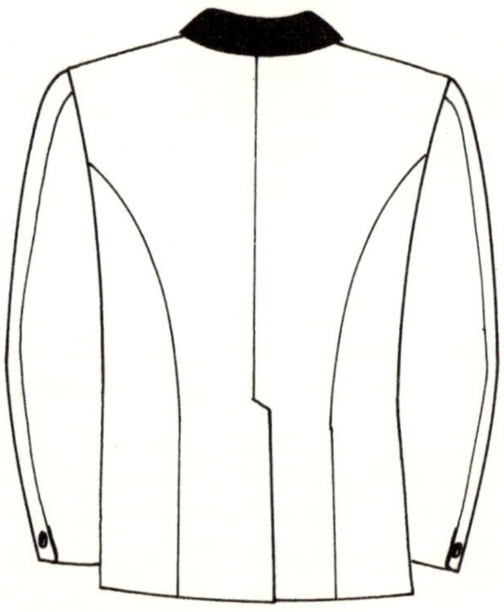

10. Nördliche Weststeiermark — Bezirk Voitsberg

Die weststeirischen Männertrachten sind, der Landschaft entsprechend, zweigeteilt: In den Gebirgs- und Almgebieten herrscht der naturfarbige graue oder bräunliche Loden vor, im Hügelland und in den Talebenen ist die einstige „grüne Tracht des Brucker Kreises" heimisch geworden. Diese Landschaftsgebundenheit des 19. Jahrhunderts ist in unserer Zeit weitgehendst geschwunden. Die grau-grüne Tracht hat zwar — zumeist aus der Stadt kommend — nach dem allgemeinen Trachtenniedergang an Platz gewonnen. Die grüne Tracht des Söding- und Kainachtales aber schwand (mit Ausnahme der historischen Tracht der „Mooskirchner Altsteirer" und der Trachten der Jugendblaskapelle Mooskirchen), zum Unterschied von der grünen Stainzer Tracht, die erhalten werden konnte. Eine Unterteilung der weststeirischen Männertrachten nach Landschaften kann durch die Bezirkszuordnung (Voitsberg — Deutschlandsberg) ersetzt werden.

Södingtal, Sonntagsrock

Diese von der Grazer Stadtkleidung des Nachbiedermeier beeinflußte Rockform gilt auch für das Liebochtal und das mittlere Kainachtal. Es ist eine Erneuerung.

Material:	Feiner Loden
Farbe des Rockes:	Grün
Länge des Rockes:	Sakkolänge
Verschluß:	Doppelreihig, drei Paare helle Horn- oder Steinnußknöpfe
Auszier:	Umlegkragen, Ausschläge, Taschenpatten, Rockkanten, Ärmelenden und Rückenschlitz breit abgesteppt, Zierknopf am Ärmel (Schlitz)
Ergänzung:	Weinrotes oder violettes Krawattentuch durch Silberring gerafft
Hose:	Schwarze Langhose aus Kammgarn oder knitterfreiem Material

Tafel 17, Abb. 5

Voitsberg-Umgebung, Sonntagsanzug

Die um 1930 bezeugte Vorliebe des Stubalmgebietes für rote Auszier am grauen Rock findet sich in Varianten auch im Vorland von Voitsberg. Schneidermeister Franz Raudner in Gaisfeld gestaltet überlieferungsgetreu Röcke für die Bewohner von St. Johann ob Hohenburg, Köppling, Stallhofen usw. in der dargestellten Weise.

Material:	Loden oder Kammgarn
Farbe des Rockes:	Mittel- bis dunkelgrau; Besatztuch: Dunkelgrün
dazu Hose:	Langhose aus Rockstoff
Länge des Rockes:	Sakkolänge
Verschluß:	Einreihig zu schließen, vier Hirschhornknöpfe
Auszier des Rockes:	Stehkragen, Ausschläge, Ärmelbesätze, Rückendragoner- und Rockkantenvorstoß sowie Knopflochpassepoil aus Besatztuch, Besätze der vier Eingrifftaschen grün mit rotem Vorstoß (nicht grell); Rehrosenknopf auf Reversen, je zwei kleine Knöpfe auf Ärmelbesätzen
Auszier der Hose:	Doppelte, grüne Lampasstreifen
Ergänzung:	Rotes oder rosa Krawattenhalstuch, geknüpft oder durch Silberring gerafft
Weste:	Rot, im Ton des Taschenvorstoßes, aus Wollbrokat, oder grüne Tuchweste, getönte Perlmutter- oder Altsilberknöpfe

Tafel 17, Abb. 3

Stubalmgebiet — Hirschegg, Anzug

Die überlieferte Rockform, die Viktor von Geramb in den dreißiger Jahren im Stubalmgebiet (Herzogberg, Edelschrott, Hirschegg) festgestellt hat, war doppelreihig, sie wird jetzt auch schon einreihig gemacht. Die unsymmetrischen, rot unterlegten Taschen und die gezackten Lampassen sind typisch für den „Hirschegger Anzug".

Material:	Loden, Besatztuch
Farbe des Anzugs:	Hellgrau (ehemaliger „Hirscheggerloden"); neuerdings auch mittelgrau
Besatztuch:	Grün
Länge des Rockes:	Sakkolänge
Verschluß:	Hirschhornknöpfe; drei Knopfpaare (doppelreihig) oder drei Knöpfe (einreihig)
Auszier des Rockes:	Kanten mittelbreit eingebandelt; Kragen, Taschen- und Ärmelbesätze sowie verstürzte Knopflöcher grün, Taschen rot unterlegt; einziehbarer Rückendragoner grün eingebandelt, je ein Ärmelknopf
Auszier der Langhose:	Doppelte, grüne, gezackte Lampassen
Ergänzung:	Rotes Krawattentuch aus Seide
Weste:	Rote Wollbrokat- oder Samtweste, hochgeschlossen, einreihig, zwölf Silberknöpfe

11. Südliche Weststeiermark — Bezirk Deutschlandsberg

Die bedeutendste Trachtenlandschaft der südlichen Weststeiermark ist der Gerichtsbezirk Stainz. Hier hat sich — dem Aufruf Erzherzog Johanns, ihres berühmten Bürgermeisters, folgend — die Bevölkerung immer wieder ihrer Tracht in sorgsamer Pflege erinnert — besonders im Marktort selbst. Er hatte um 1935 in Frau Albine Musger eine begeisterte und begeisternde Anwältin der echten Stainzer Tracht gefunden.

Frau Musger verdanken wir die zeitgemäße Gestaltung der Stainzer Frauentracht und auch der Männertracht mit ihrem auffallend hochgupfigen Hut, der einst vom „Sausalgebirge" bis zur Koralm bekannt war.

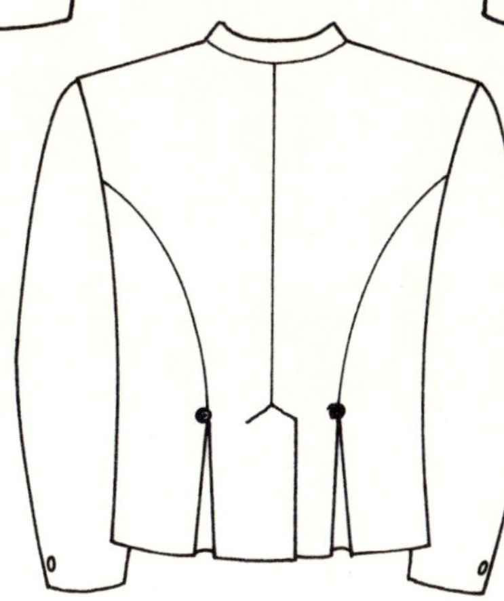

Stainzer Janker

Vorform und Farbe dieses Röckls waren um die Mitte des vorigen Jahrhunderts gewiß in den Ebenen der gesamten Weststeiermark und auch im unteren Sulmtal verbreitet.

Material des Rockes:	Feiner Loden, Tuch
Farbe des Rockes	Grün
Länge des Rockes:	Röckllänge (ärmellang)
Verschluß:	Doppelreihig, drei Paar stoffüberzogene grüne Knöpfe
Auszier:	Am Rücken (mit Hakenschlitz und zwei Falten) zwei Knöpfe, auf den Reversen je ein Knopf (klein)
Hose:	Lederne schwarze Kniebundhose mit normalem Hosenschlitz, dazu hellblaue Kniestrümpfe
Ergänzung:	Rotseidenes Krawattentücherl; gestickter Hosenträger oder roter Männer-Brustfleck
Schuhe:	Schwarze Schnallenschuhe

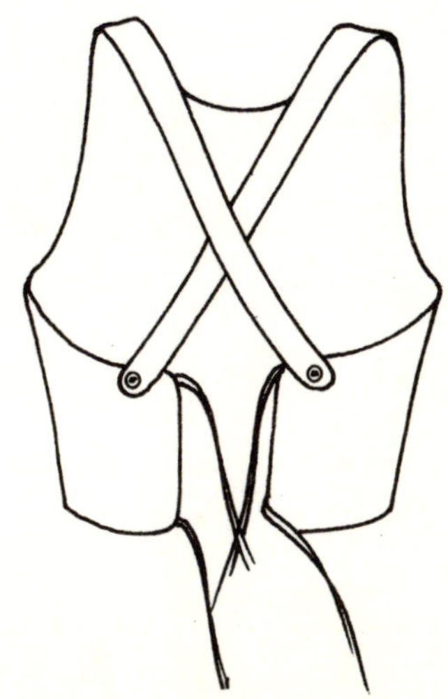

Kopfbedeckung:	Hochgupfiger schwarzer Filzhut mit verschiedenfarbigen Schnürchen („Bullkoglerhut" nach den Ameisenhäufen = „Bullkogeln" auch Büttkogler oder „Rosenkoglerhut" genannt).

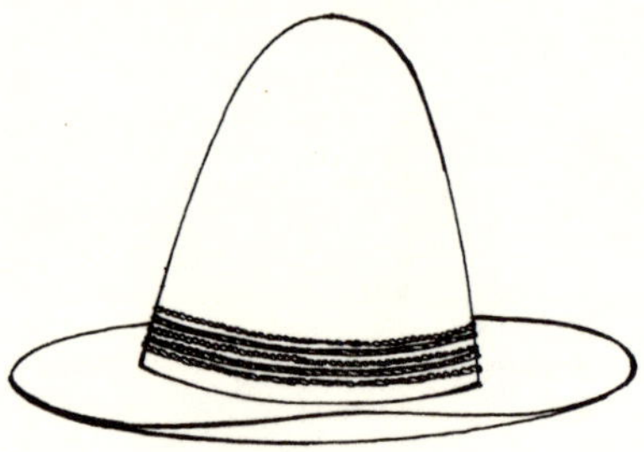

Tafel 17, Abb. 4

Rosenkogel — Reinischkogel, Röckl

Die Erneuerung dieses „Rosenkogler Jankers" erfolgte nach Bildern um 1860/70 und einem Original im Steirischen Volkskundemuseum, Graz. Die Erstausführungen stammen von Schneidermeister Hans Weigl, Stainz.

Material:	Loden
Farbe des Rockes:	Hell, bräunlichgrau (Naturfarbe) Besatztuch: Braun
Länge des Rockes:	Kürzer als Sakko
Verschluß:	Doppelreihig, vier gepreßte Stoffknopfpaare (für Buben oder Frauenkostüm allenfalls nur drei Paare)
Auszier:	Stehkragen, Brustausschläge, Taschenleisten und Ärmelaufschläge braun, alle Kanten (samt Hakenschlitz und Schößlfalten) braun passepoiliert; ein Zierknopf am Ärmelaufschlag (geschlitzt)
Ergänzung:	Wollbindl (Handwebe) oder seidenes Krawattentücherl
Hose:	Schwarze Kniebundhose aus Leder oder Stoff
Strümpfe:	Naturfarbige (beige, weißliche) oder hellblaue Kniestrümpfe
Kopfbedeckung:	„Bullkoglerhut", hier „Rosenkoglerhut" genannt
Anmerkung:	Die Röcklform eignet sich auch für ein Frauenkostüm mit „Schoß" aus dem Stoff der Jacke, allenfalls auch aus leichterem (braunem) Besatztuchstoff

Tafel 20

Stainzer Festanzug

Ein Originalrock aus der Zeit um 1860 fand sich im Bürgerhause Neuhold im Markt Stainz. Er bot sich uns als Vorlage für die Erneuerung dieses noblen bürgerlichen Anzuges an. Die Erstausführung verdanken wir Hans Weigl in Stainz.

Material:	Feiner Loden, Tuch, Kammgarn für die Hose
Farbe des Rockes:	Dunkelgrün
Länge des Rockes:	Schlußrocklänge (etwas länger als Sakko)
Verschluß:	Vier Knopfpaare, schwarze, flache Knöpfe
Auszier:	Umlegekragen, Verschlußkanten, Schoßtaschenpatten, Hakenschlitz und Dreieckpatten am Rücken mit schwarzer Seidentresse eingefaßt
Langhose:	Aus schwarzem Kammgarn oder auch Fresko
Ergänzung:	Hochgeschlossene Brokatweste - violett oder weinrot — mit echten Silberknöpfen oder schwarzen Talarknöpfen; rötliches Seidentücherl (blau-rosa, lila) zu Krawatte geknüpft oder mit Silberring gestrafft
Kopfbedeckung:	Schwarzer Hut mit grünem Band (allenfalls dieses aus Rockstoff)

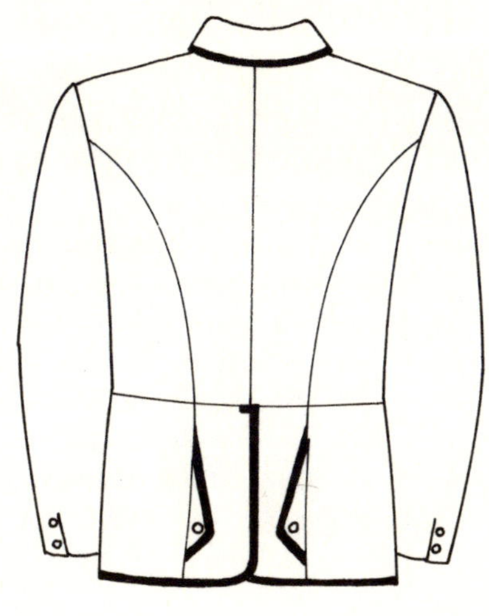

Koralmgebiet — Trahütten, Sonntagsrock

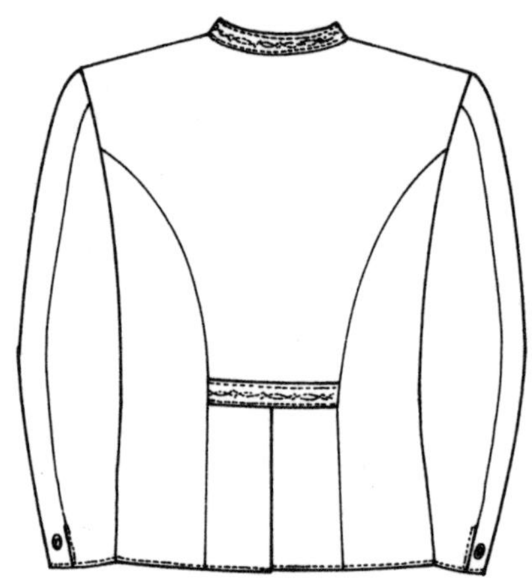

Mit Rücksicht auf die überlieferte Farbgebung bei den Röcken des südlichen Koralmgebietes und auf die heutige Vorliebe jagdlicher Koralmbewohner für olivgrüne Tönungen wurde für das Koralmgebiet von den Trahüttenern selbst ein olivgrüner Rock in schlichter Ausformung gewählt. Auf ihn wurden die weiteren Trachtenbestandteile abgestimmt. Schnitt und Machart wie beim „Steirischen Bürgerrock".

Material:	Loden
Farbe des Rockes:	Olivbraun (grünbraun)
Länge des Rockes:	Knappe Sakkolänge
Verschluß:	Einreihig, drei Hirschhornknöpfe
Auszier:	Braune Steppverzierung auf Stehkragen, Rockausschlägen, Taschenleisten und kurzer Rückenspange, je ein Zierknopf auf Aufschlägen und Ärmelenden
Ergänzung:	Handgewebtes Wollbindel
Hose:	Schwarze Leder-Kniebundhose (mit einfachem Schlitzverschluß) oder schwarze Langhose
Kopfbedeckung:	Runder, aufgebogener, schwarzer Filzhut mit Band und Randeinfassung aus dem Rockstoff
Anmerkung:	Die Form des Rockes ähnelt der östlich Graz; die Farbe kommt in der Südwestecke der Steiermark (Soboth — Leutschach) im vorigen Jahrhundert als „steirisches Stutzfrackerl" vor (vorne taillenkurz, hinten länger)

12. Südsteiermark — Steirisches Unterland

Da in dieser weiträumigen Landschaft die bodenständigen Männertrachten durch ursprünglich obersteirische ersetzt worden oder nur mehr als Musikkapellenkleidung zu sehen waren, wünschten weite Kreise eine Erneuerung und Wiederbelebung. Wildon machte hierin den Anfang.

Tafel 18, Abb. 2; Tafel 21

Wildon und Umgebung, Stiefelhosentracht

Wie aus den für Erzherzog Johann erstellten „Landwehrakten" hervorgeht, hebt sich um 1808 das Gebiet der damaligen Herrschaft Oberwildon mit seiner Männertracht durch seine Vorliebe für braune Röcke deutlich von den umliegenden — meist „grünen" — Trachtenlandschaften ab. Daher hat die von Mag. Josef Hirschmann und seiner damaligen Verlobten, jetzt Gattin, Susanna Innerhofer, begründete und 1973 abgeschlossene Trachtenerneuerung braune Röcke sowie die seinerzeit traditionellen Stiefel und breitkrempigen Hüte als Männertracht vorgeschlagen und wiederbelebt.

Material:	Loden, im Sommer auch knitterfreier Stoff (Fresko und ähnliches)
Farbe:	Braun (nicht zu hell)
Länge des Rockes:	Sakkolänge (Schößlrock)
Verschluß:	Doppelreihig zu schließen, drei Paar Hornknöpfe
Auszier:	Stepparbeit am Stehkragen und um die vier Eingriffstaschen, Zierknopf am Ärmel, zwei Knöpfe am Rücken (Hakenschlitz und offene Falten)
Ergänzung:	Schwarzer „Halsflor" (Tücherl), roter Brustfleck oder Weste aus Wollbrokat (Handwebe), hochgeschlossen mit getönten Perlmutterknöpfen
Hose:	Schwarze Stiefelhose oder Kniebundhose aus Wollstoff oder Trevira, allenfalls Langhose
Fußbekleidung:	Schwarze Stiefel oder lavendelblaue Kniestrümpfe und Halbschuhe
Kopfbedeckung:	Breitkrempiger schwarzer Filzhut mit Schnur und Quaste
Anmerkung (Variante):	Für die östlich des Bereiches Wildon gelegene Landschaft, das sogenannte „Grabenland", gilt die gleiche Tracht (mit Stiefeln), aber mit grünem Rock

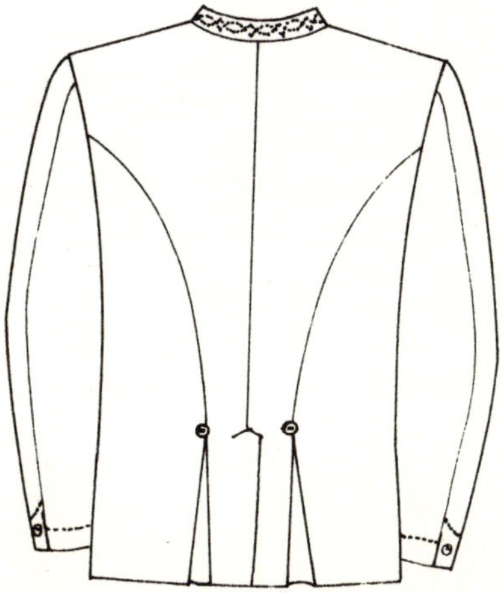

Tafel 19, Abb. 3

Wildon, Festanzug

Da erwiesen ist, daß die Wildoner Bürger seit eh und je Bekleidungsformen aus Graz übernommen haben, steht ihnen auch heute der braune Grazer Rock, etwas abgewandelt, zu. Die Wiederbelebung erfolgte gleichzeitig mit der Erneuerung der Stiefelhosentracht.

Material:	Feines Lodentuch oder Kammgarn; Samt für Besatz
Farbe des Rockes:	Dunkelbraun
Farbe der Langhose:	Schwarz
Länge des Rockes:	Sakkolänge
Rockverschluß:	Doppelreihig, vier Paar Hornknöpfe
Auszier:	Dunkelbrauner Samt-Umlegkragen
Ergänzung:	Schwarzes Krawattentücherl
Weste:	Hochgeschlossen, Seidenbrokat meist in Brauntönen
Kopfbedeckung:	Schwarzer hoher Filzhut mit schwarzem Band und Silberschnalle

Tafel 19, Abb. 4

Sulmtal — Leibnitz, Weinbauernrock

Der für das steirische Unterland allgemein gültige grüne Rock wurde durch besondere Auszier dem Weinland angepaßt.

Material des Rockes:	Feiner Loden oder Tuch
Material der Hose:	Kammgarn oder auch Trevira
Farbe des Rockes:	Grün, leicht gelbstichig
Farbe der Langhose:	Schwarz
Länge des Rockes:	Mittellänge
Verschluß:	Einreihig, drei Hornknöpfe
Auszier an Rock:	Steppverzierung (stilisiertes Weinlaub) heller als Rock an (weinrot unterlegten) Eingrifftaschen an Stehkragen, Revers und Rückenschößl; Zierknöpfe auf Ausschlägen und am Rücken
Ergänzung:	Hellrotes (rosa-gelbliches) Krawattenhalstuch, allenfalls mit Silberring (Traubenmotiv)
Weste:	Weinrot oder schwarz-rot, auch violette Seidenbrokatweste mit Schalkragen und Perlmutterknöpfen oder echten Silberknöpfen
Variante:	Rock mit Kniebundhose, aus schwarzem Stoff; helle Strümpfe

Steirisches Rebenland, Winzeranzug

Weinbauern und Winzer des steirischen Rebenlandes versahen ihren Steireranzug gerne mit Symbolen ihrer engeren Heimat, wozu ihnen Schneidermeister Werner Jost, Graz, mit Rat und Tat behilflich war. Die Taschenbesätze wurden — wie in der Schneiderei üblich — neu gestaltet. Der Anzug ist das Gegenstück zum sogenannten „Winzer-Dirndl“.

Material:	Loden oder Kammgarn; für Sommeranzug knitterfreies Material (Fresko und ähnliches)
Farbe:	Mittel- bis hellgrau, Besatztuch: „Steirischgrün“
Länge des Rockes:	Mittellang
Verschluß:	Steinnuß- oder Hornknöpfe (allenfalls Knöpfe aus Rebholz), doppelreihig zu schließen, drei Knopfpaare
Auszier:	Ziersteppereí auf Stehkragen und Revers (Ranken), Taschenbesätze in stilisierter Weinlaubform aus grünem Tuch, ebenso über Rückenschößl
Ergänzung:	Seidenes rosa Krawattentuch, allenfalls durch Silberring (Weintraubenmotiv) gerafft
Weste:	Weinrote Brokatweste

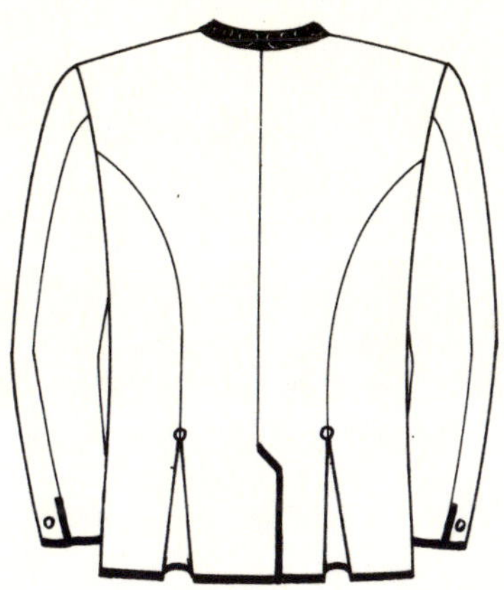

Unterland von Graz bis Radkersburg, Steirischer Bürgerrock

Die Vorformen zu diesem Rock gab es als Alltagstracht auch in der Gegend von Judenburg, aber auch in Marburg, wie alte Fotos beweisen. Die schlichte Ausgestaltung macht ihn aber bei guter Ausführung und schönem Material gerade in unserer Zeit auch für den Feiertag geeignet.

Material:	Loden, auch Kammgarn; für Sommeranzug (Fresko o. ä.)
Farbe:	Mittel- bis hellgrau; Besatztuch: Dunkelgrün
Länge des Rockes:	Mittellang
Verschluß:	Hirschhorn- oder Steinnußknöpfe
Auszier:	Rock: Stehkragen und Passepoilierung aus Besatztuch, dunkelgrüne Taschenleisten und Rückenspange Hose: Grüne Passepoilierung aus Besatztuch
Ergänzung:	Wollbindel oder seidenes Krawattentücherl
Weste:	Grünes Tuch oder roter Brokatstoff
Hut:	Schwarzer Filz mit dunkelgrünem Band („Ausseer“)

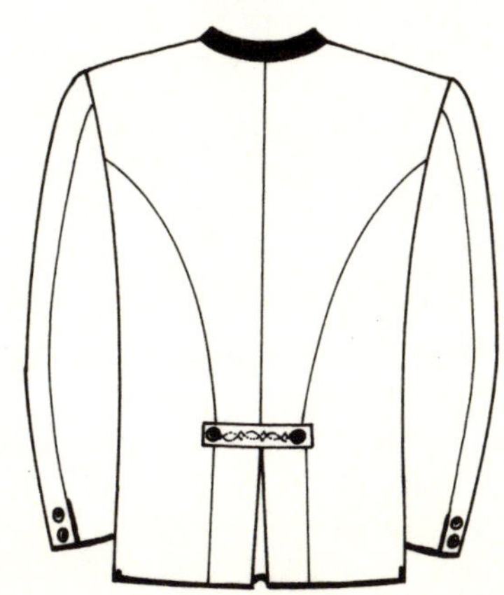

13. Steirische Festanzüge

Die folgenden Festtrachten können und sollen im ganzen Land getragen werden. Ihre Vorformen waren von der Obersteiermark bis in die Mittelsteiermark verbreitet.

Tafel 24, Abb. 2; Tafel 25, links

Steirischer Festanzug

Material:	Kammgarn oder feiner Loden, auch Fresko
Farbe:	Dunkel- bis mittelgrau Besatztuch: Dunkelgrün
Länge des Rockes:	Sakkolänge
Verschluß:	Gepreßte Knöpfe aus Besatztuch; auch Steinnuß- oder Hornknöpfe
Auszier:	Rock: Stehkragen, Kanten- und Tascheneinfassungen sowie Rückenornament aus Grüntuch
Ergänzung:	Seidenes Krawattentuch, geknüpft oder mit Silberring; allenfalls Seiden- oder Handwebebindel
Kopfbedeckung:	Schwarzer Filz- oder Velourhut mit grünem Band

Tafel 24, Abb. 3; Tafel 9, rechts

Steirisches Stutzfrackerl

In den Jahrzehnten zwischen 1840 und 1860 wurde eine kurze Sonderform des modischen Frackes, das gekürzte steirische „Frackerl", im steirischen Oberland — wie früher schon vereinzelt im Unterland — gerne getragen. Der grau-grünen Ausführung gab gewiß Erzherzog Johann ein Beispiel; doch wurden auch einfarbig grüne, vorne taillenkurze, hinten längere Rockformen — etwa im Gebiet der „Eisenwurzen" —sehr geschätzt. Kniebundhosen oder Langhosen (als Knöpfelhosen gestaltet) wurden dazu getragen. Heute wirken sie weniger „jagerisch" als festlich.

Material:	Feiner Loden
Farbe des Rockes:	Dunkel- bis mittelgrün
Länge des Rockes:	Vorne taillenkurz, hinten schößllang
Verschluß:	Schwarze Hornknöpfe, auch grüne gepreßte Stoffknöpfe, vier Knopfpaare, offenkantig
Auszier:	Stehkragen und Taschenleisten Ton in Ton gesteppt, Zierknöpfe auf kleinen Brustausschlägen und Rückentaille (Hakenschlitz und Falten), je zwei Knöpfe auf geschlitztem Ärmel, grüne Passepoilierung
Ergänzung:	Seidenbindel (Masche) oder Krawattentuch (geknüpft)
Weste:	Hochgeschlossen mit liegendem Stehkragen, aus violettem oder weinrotem Seidenbrokat, Perlmutter- oder kleine, echte Silberknöpfe
Hose:	Schwarze Kniebundhose aus Leder, ausgenäht und mit Latz, oder schwarze Langhose; zur Kniebundhose hellgraue, auch lavendelblaue Strümpfe
Kopfbedeckung:	Ziemlich hoher, seitlich aufgebogener schwarzer Filz- oder Velourhut mit grünem Band aus Rockstoff

Tafel 25, rechts außen

Steirischer Frack

Die Notwendigkeit eines besonders festlichen, zur Frauenfesttracht passenden Männerkleidungsstückes und das Vorbild Erzherzog Johanns im festlichen, modisch abgewandelten grau-grünen Frack (mit Umlegkragen und Ausschlägen) ermutigte uns zu dieser Gestaltung. Vater und Sohn Hubert Fink haben sie schon für so manchen „Hochzeiter“ verwirklicht.

Material:	Reinwollflanell, Kammgarn
Farbe:	Dunkelgrau Besatztuch: Dunkelgrün
Länge des Rockes:	Vorne taillenkurz, hinten gemäßigte Fracklänge
Verschluß:	Gepreßte Knöpfe aus Besatztuch, vier Paare (offen)
Auszier:	Rock: Stehkragen, Brustausschläge und Ärmelaufschläge und Rückenbesatz aus grünem Tuch; Kanten schmalgrün passepoiliert, ebenso Rückennähte; zwei kleine Knöpfe auf Ärmel Langhose: Doppelte Lampasstreifen
Ergänzung:	Seidenbindel oder schmales, handbedrucktes Krawattentuch (Masche)
Weste:	Rotviolette, einreihige Frackweste aus Seidenbrokat

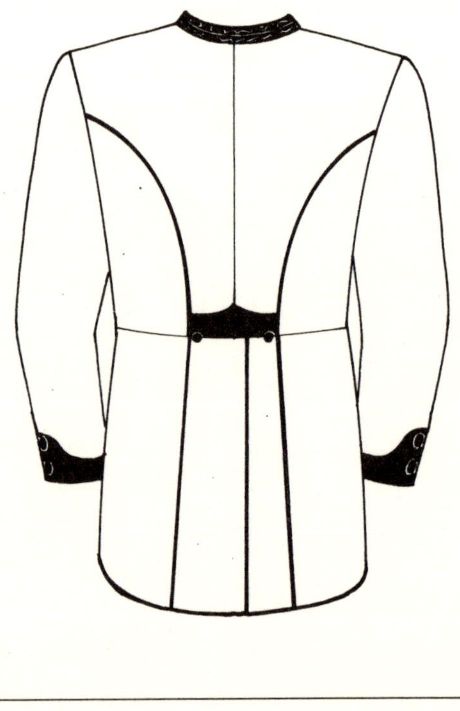

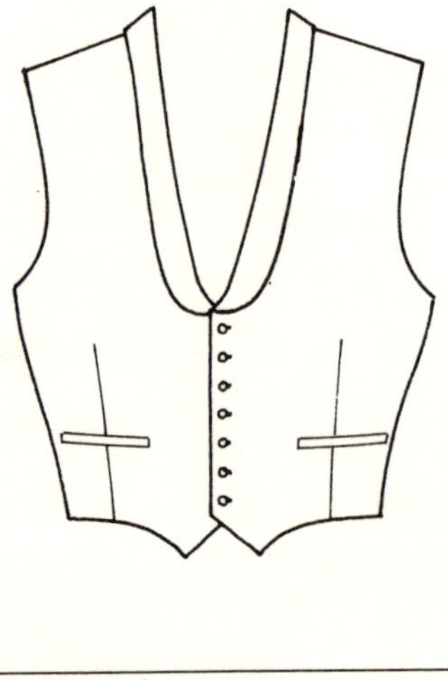

Tafel 22, rechts

14. Trachtliche Überkleidung

Als Ergänzung zum Abschnitt C / 9 wird hier ein besonders schöner, von Werner Jost entwickelter Männermantel vorgestellt. Er schließt an die überlieferten „Haftelröcke“ an.

Männermantel

Material:	Guter Loden (doppelt gewalkt)
Farbe:	Grün oder braun, auch grau
Länge des Mantels:	Knielänge
Verschluß:	Fünf Knöpfe, Hirschhorn, Steinnuß, Horn
Auszier:	Zierstepperei (Ton in Ton) auf Stehkragen, Ärmelenden und als „Fliegen“ am Rücken, Knöpfe auf Ärmeln und am Rücken
Ergänzung:	Ausseerhut, Pelzmütze (s. Abschnitt C / 10)

Weitere **Männer-Überkleider** sind der sogenannte **„Schladminger“**, ein Überrock aus Ennstaler Loden, und ein „Hirschegger“-Überrock aus sehr hellem, dickem Loden in der Machart des Hirschegger Anzug-Rockes. Dagegen ist der oststeirische Überrock aus Pöllauer „Wiffling“ (wie das „Raß“ ein Mischgewebe aus Garn und Wolle) mangels des besonderen Materials wohl endgültig ausgestorben. Der vorne kurze und fast ganz geschlossene Lodenüberwurf wird im Ausseerland **„Holzknechtmantel“** genannt.

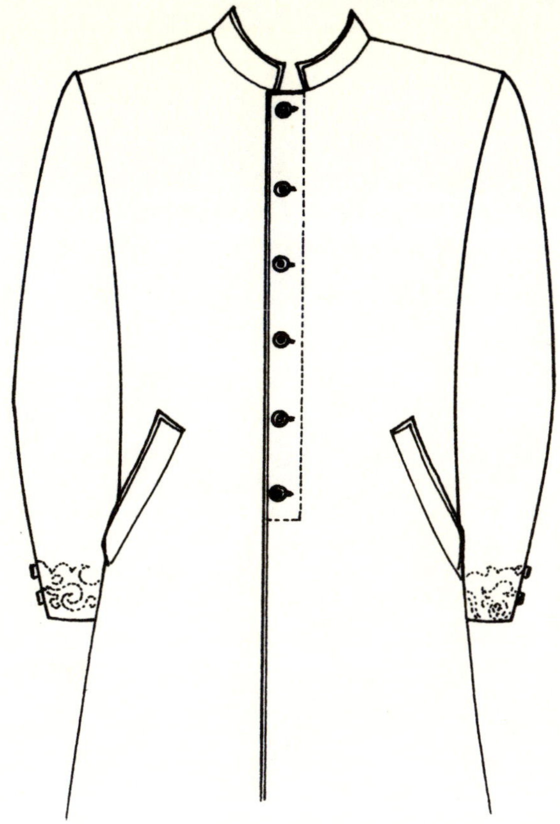

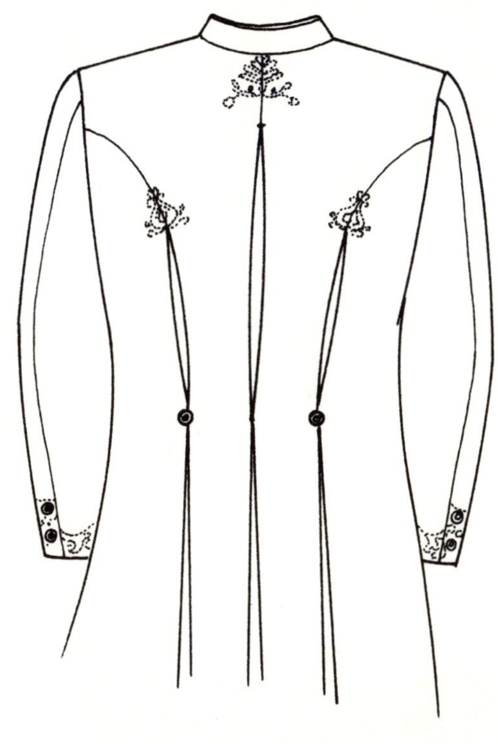

Richtlinien für die Steirische Männertracht

Trachtlich richtig

Grundsätzliches:

Schnitt und Farbe (grau-grün, grün oder braun) in Übereinstimmung mit Figur, Haar- und Gesichtsfarbe des Trägers und womöglich nach seiner (engeren) Heimatzugehörigkeit.

Gruppenkleidung (Chöre, Volkstumsgruppen, Trachtenvereine): Allgemeingültige steirische oder landschaftsgebundene Trachten in verschiedenen Farbzusammenstellungen von Rock, Weste, Halstuch (bei gleichem Schnitt) oder verschiedene Formen der heimatlichen Landschaft mit Unterscheidung von Altersstufen.

Musikkapellen: Einheitliche Tracht, aber Farbvariaten bei Halstuch oder Bindel; allenfalls Westen mit verschiedener Musterung bei gleicher Farbe oder mit gleichem Muster in verschiedenen Farbtönen (bei Nachkauf); Ortsname, Ortswappen oder Lyra auf linkem Ärmel; Musikerinnen mit „Schoß" (statt Hose) oder mit Leibkittel (Dirndl) je nach Landschaft bzw. Joppe; Übereinstimmung von Rock-, Hosen- und Hutform, Hut ohne oder mit heimischem Gesteck; Bergmannstracht (wo traditionell) nach Reglement.

Rock: Loden, Kammgarn, auch Fresko in Leinenbindung, im Sommer auch grünes Leinen und Leinengemisch („Janker"); grau (mit grün), grün (auch oliv) und braun (graubraun, dunkelbraun); zu grauem Rock grünes Besatztuch; zu grünem oder braunem Rock auch Samtkragen möglich.

Knöpfe zum Schließen, zumindest drei (bei Einreihigkeit) aus Hirschhorn, Steinnuß, Horn.

Kniebundhose: Überlieferte Form mit Latz oder Schlitzverschluß aus schwarzem oder „altschwarzem" Wildleder (Hirsch-, Tier- oder Gamsleder); kurze Hose über, Kniebundhose unter dem Knie endend; grüne, auch weiße Stickerei mit stilisierten Mustern; Hirschhorn- und Hornknöpfe; Hosenträger aus Leder oder mit Wollstickerei; gebräuchlich auch aus Loden o. ä. gutem Stoff (schwarz, grau, auch grün).

Langhose: Loden, Kammgarn (grau), auch Fresko- oder anderes (gutes) Material (schwarz); einfacher oder doppelter Lampasstreifen (grau zu grün) bzw. Vorstoß, Breite übereinstimmend mit Rockeinfassung; mäßige Bügelweite; Farbe auf Rock abgestimmt.

Trachtlich unrichtig

Grundsätzliches:

Dem Aussehen und Alter des Trägers in Helligkeit und Schnitt nicht günstige Trachten; seiner (engeren) Heimat nicht entsprechende landschaftsgebundene Formen; Ablehnung brauner Röcke (in der Irrmeinung, alle seien kärntnerisch).

Gruppenbekleidung: Landschaftsfremde Trachten; Uniformierung in Schnitt und Farbe, ohne Rücksicht auf Altersstufe und heimatliche Landschaft; aufgestickte Vereinsembleme (z. B. auf Hosenträger oder Gürtel); stilistisch nicht zusammengehörige alte und neue Trachtenbestandteile (z. B. breiter, bestickter Gürtel — kurze Lederhose).

Rock: Rock in „Trachtenmode" (z. B. mit Schalkragen, Verschluß nur mit einem oder zwei Knöpfen); Blechknöpfe, rote Strümpfe (Stutzen); Musikerlyra auf Kragen oder Revers; zur Tracht unpassende Hutform und -farbe; Silber- oder Goldvorstoß auf Langhose; Gold- oder Silberstreifen als Rangabzeichen auf Ärmel; weißer „Adlerflaum" als Hutgesteck. Schlechte Kunstfaser, Modestoff, grober „Cord", „Trachtenlook" (in Rot, Blau oder Schwarz); grüner Samtbesatz zu grauem Loden; Farbgebung der Tradition und der Altersstufe nicht entsprechend (zu hell, zu grell); nicht schließbare Zweireiher (einige Ausnahmen); Metallknöpfe; Maschinenstickerei auf Aufschlägen und Taschen.

Kniebundhose: Grau- oder dunkelbraun gefärbtes Leder, glänzendes Leder (Spalt- oder Roßleder); gelbgrüne Ausnäharbeit (bayrisch); Edelweiß-Stickerei auf dem Latz; Almblumenstickerei oder große Geweihrosetten auf dem Hosenträger; Lederhosenimitation aus minderwertigem Fustian („Teufelshaut") mit weißem Ledervorstoß; zu kurze, aufgestrickte Kurzlederhose; „Blue jeans" zum Steirerrock.

Langhose: Modestoffe; Lampasstreifen nicht übereinstimmend mit Rockeinfassung; modische Form (zu enge, zu weite Bügel); Farbe nicht zu Rock passend.

Hemd: Modisches Webmuster oder farbiger Karostoff; zu großer oder zu spitzer Kragen; zu weite Ärmel; „Hirtenhemd" oder leinener „Fuhrmannskittel" (unsteirisch).

Hemd: Weiße Baumwolle, Leinen, auch Baumwollgemisch; Umlegkragen; angesetzte oder eingesetzte, mäßig weite Ärmel; weiße Perlmutterknöpfe.

Krawattentuch bzw. **Bindel:** Reinseidentuch, gewebt oder bedruckt, zur Krawatte gebunden; Seiden- oder Wolbindel je nach Tracht; farbliche Abstimmung auf Rock und Weste; echt silberner Krawattenring mit stilisiertem Ornament.

Weste (Leibl): Form je nach Rock bzw. Anzug (z. B. zweireihig zu Einreiher), spitz oder rund ausgeschnitten; grünes Tuch, Wollstoff (Brokat oder Pepita), farbiger Seidenbrokat, einfarbiger oder bestickter Samt (schwarz, braun, weinrot); kleingemustert; echte Silberknöpfe, dunkle Perlmutter- oder schwarze „Talarknöpfe", Wildmotive auf Silberknöpfen für Jäger.

Strümpfe (Stutzen): grau (auch graubraun), naturfarben, weiß (für Buben); grün und blau (je nach Tracht); Wolle, Garn u. a. dichtes Material.

Schuhe: Schwarze Halbschuhe, geschnürt oder mit Schnalle (zur Langhose allenfalls hohe Schnürschuhe), „Haferlschuhe", Glattleder.

Kopfbedeckung: „Ausseer"-Form (schwarz oder grün mit grünem Band); Schnurhut (grün mit grüner Schnur) aus Filz oder Velour; Stainzer Sonderform (mit verschiedenfarbigen Schnüren); zylinderartiger Hut (schwarz mit schwarzem Band) — alle auf die Tracht abgestimmt.

Überkleidung: Strickwesten, grau, bräunlich, weiß bzw. naturfarben, auch grün; grüner oder grauer „Hubertusmantel" aus Strichloden in überlieferter Form; Steinnuß-, Horn-, Hirschhornknöpfe; Trachtenmantel, grau, grün oder braun, aus Loden.

„Wetterfleck" bzw. Umhang aus grauem oder grünem Strichloden.

Überröcke aus „Schladminger" Perlloden oder hellerem dicken Loden.

Krawatte: Kunstseide o. ä. Kunstmaterial; modische Krawatte („Selbstbinder") aus Mode oder „Trachtenmode"; nicht zur besonderen Tracht passendes Bindel; Alpenblumen aufgedruckt oder eingestickt; naturalistisches Motiv auf Krawattenring; Blechhülse mit eingestanztem Muster.

Weste: Nicht auf Rock und Anzug abgestimmte Form; doppelreihige Weste zu doppelreihigem Anzug; zu grelle Farbgebung; farbige Filz- oder Tuchweste (außer grün); Almblumenstickerei auf Samtwesten; Blechknöpfe, Hirschhornknöpfe.

Strümpfe: Modestutzen oder Socken; rot oder zweifarbig gemustert, zu dünnes Kunstfasermaterial; fußlose „Wadelstutzen" (oberbayrisch).

Schuhe: Modische Formen (z. B. zu spitz, unsymmetrische „Schlüpfer"), hell- oder dunkelbraune Schuhe; rote oder grüne Einfassung.

Kopfbedeckung: Modische oder unsteirische Formen; grau oder braun; hellgrauer Bergsteigerhut; nicht auf die Tracht abgestimmter Hut.

Überkleidung: Rote oder blaue Walkjanker; modisch-sportliche Mantelformen, weiß oder rot oder schwarz im „Trachtenlook"; Metallknöpfe; naturalistische Stepp- bzw. Stickmuster (Almblumen u. ä.).